Zauberhaftes China

Eine kulinarische Reise durch die chinesische Küche

Mei Ling

Inhalt

Hähnchen in Tomatensauce 11
Huhn mit Tomaten 12
Pochiertes Hähnchen mit Tomaten 13
Hähnchen und Tomaten mit schwarzer Bohnensauce 14
Schnell gekochtes Hähnchen mit Gemüse 15
Huhn mit Nüssen 16
Huhn mit Walnüssen 17
Huhn mit Wasserkastanien 18
Gesalzenes Hähnchen mit Wasserkastanien 19
Hühnchen-Wan-Tan 21
knusprige Hähnchenflügel 22
Hähnchenflügel mit fünf Gewürzen 23
Marinierte Hähnchenflügel 24
Königliche Chicken Wings 26
Gewürzte Hähnchenflügel 28
Gegrillte Hähnchenschenkel 29
Hoisin-Hähnchenschenkel 30
gekochtes Huhn 31
knusprig frittiertes Hühnchen 32
Ganzes gebratenes Hähnchen 34
Fünf-Gewürze-Hähnchen 35
Huhn mit Ingwer und Schnittlauch 37
Pochiertes Hähnchen 38
Rotes gekochtes Huhn 39
Hähnchen mit Gewürzen in Rot gegart 40
Gegrilltes Sesamhähnchen 41
Huhn in Sojasauce 42
gedämpftes Hähnchen 43
Gedämpftes Hähnchen mit Anis 44
seltsam schmeckendes Hühnchen 45
knusprige Hähnchenstücke 46
Huhn mit grünen Bohnen 47

Gekochtes Hähnchen mit Ananas	48
Hähnchen mit Paprika und Tomaten	49
Sesame Chicken	50
frittierte Küken	51
Truthahn mit Zuckererbsen	52
Truthahn mit Paprika	54
Chinesischer Truthahnbraten	56
Truthahn mit Nüssen und Pilzen	57
Ente mit Bambussprossen	58
Ente mit Sojasprossen	59
geschmorte Ente	60
Gedämpfte Ente mit Sellerie	61
Ente mit Ingwer	62
Ente mit grünen Bohnen	64
gedämpfte Ente	66
Ente mit exotischen Früchten	67
Geschmorte Ente mit chinesischen Blättern	69
betrunkene Ente	70
Ente mit fünf Gewürzen	72
Gebratene Ente mit Ingwer	73
Ente mit Schinken und Lauch	74
Entenbraten mit Honig	75
saftige gebratene Ente	76
Sautierte Ente mit Pilzen	78
Ente mit zwei Pilzen	80
Geschmorte Ente mit Zwiebeln	81
Ente mit Orange	83
gebratene Ente mit Orangen	84
Ente mit Birne und Kastanien	85
Pekingente	86
Geschmorte Ente mit Ananas	89
Sautierte Ente mit Ananas	90
Ananas-Ingwer-Ente	92
Ente mit Ananas und Litschi	93
Ente mit Schweinefleisch und Kastanien	94
Ente mit Kartoffeln	95

Rote gekochte Ente *97*
Gebratene Ente mit Reiswein *98*
Gedämpfte Ente mit Reiswein *99*
gesalzene Ente *100*
Gesalzene Ente mit grünen Bohnen *101*
langsam gekochte Ente *103*
Entenfrau *105*
Ente mit Süßkartoffeln *106*
süß-saure Ente *108*
Mandarinente *110*
Ente mit Gemüse *110*
Sautierte Ente mit Gemüse *112*
Gekochte weiße Ente *114*
Ente mit Wein *115*
Gedämpfte Eier mit Fisch *116*
Gedämpfte Eier mit Schinken und Fisch *117*
Gedämpfte Eier mit Schweinefleisch *118*
gebratene Schweineeier *119*
Spiegeleier mit Sojasauce *120*
Halbmondeier *121*
Spiegeleier mit Gemüse *122*
Chinesisches Omelett *123*
Chinesisches Omelett mit Sojasprossen *124*
Blumenkohlomelett *125*
Krabbenomelett mit brauner Soße *126*
Omelett mit Schinken und Wasser mit Kastanien *127*
Hummeromelett *128*
Omelett mit Austern *129*
Garnelenomelett *130*
Omelette mit Muscheln *131*
Tofu-Omelett *132*
Gefüllte Schweinefleisch-Tortilla *133*
Mit Garnelen gefülltes Omelett *134*
Gedämpfte Tortillarollen mit Hähnchenfüllung *135*
Austernpfannkuchen *136*
Garnelenpfannkuchen *137*

Chinesisches Rührei	138
Rührei mit Fisch	139
Rührei mit Pilzen	140
Rührei mit Austernsauce	141
Rührei mit Schweinefleisch	142
Rührei mit Schweinefleisch und Garnelen	143
Rührei mit Spinat	144
Rührei mit Schnittlauch	145
Rührei mit Tomaten	146
Rührei mit Gemüse	147
Hühnersoufflé	148
Krabbenbällchen	149
Krabben-Ingwer-Soufflé	150
Fischbällchen	151
Garnelensoufflé	152
Sojasprossen-Garnelen-Souffle	153
Gemüseauflauf	154
Egg Foo Yung	155
Spiegelei Foo Yung	156
Foo-Yung-Krabbe mit Pilzen	157
Schinken-Ei-Foo Yung	158
Spiegelei Foo Yung Schweinefleisch	159
Schweineei und Garnelen Foo Yung	160
weißer Reis	161
Gekochter brauner Reis	161
Reis mit Rindfleisch	162
Reis mit Hühnerleber	163
Reis mit Hühnchen und Pilzen	164
Kokosreis	165
Reis mit Krabbenfleisch	166
Reis mit Erbsen	167
Reis mit Pfeffer	168
Reis mit pochiertem Ei	169
Reis nach Singapur-Art	170
Langsamer Bootsreis	171
Gedünsteter Reis	172

Gebratener Reis	173
Gebratener Reis mit Mandeln	174
Gebratener Reis mit Speck und Ei	175
Gebratener Reis mit Fleisch	176
Gebratener Reis mit Hackfleisch	177
Gebratener Reis mit Fleisch und Zwiebeln	178
gebratener Reis mit Hühnchen	179
Gebratener Reis mit Ente	180
gebratener Reis mit Schinken	181
Reis mit geräuchertem Schinken und Brühe	182
gebratener Reis mit Schweinefleisch	183
Gebratener Reis mit Schweinefleisch und Garnelen	184
gebratener Reis mit Garnelen	185
Gebratener Reis und Erbsen	186
Gebratener Reis mit Lachs	187
Spezieller gebratener Reis	188
Zehn kostbare Reis	189
Gebratener Thunfischreis	190
Nudeln mit gekochtem Ei	191
gedämpfte Eiernudeln	192
Gebratene Nudeln	192
Gebratene Nudeln	193
Gebratene weiche Nudeln	194
gedämpfte Nudeln	195
Kalte Nudeln	196
Nudelkörbe	197
Pfannkuchen mit Nudeln	198
Gekochte Nudeln	199
Nudeln mit Fleisch	201
Nudeln mit Huhn	202
Nudeln mit Krabbenfleisch	203
Nudeln in Currysauce	204
Dan-Dan-Nudeln	205
Nudeln mit Eiersauce	206
Nudeln mit Ingwer und Schnittlauch	207
Scharf-saure Nudeln	209

Nudeln in Fleischsoße *210*
Nudeln mit pochierten Eiern *213*
Nudeln mit Schweinefleisch und Gemüse *214*
Transparente Nudeln mit gehacktem Schweinefleisch *215*
Eierbrötchenhaut *217*
Gekochte Eierbrötchenhaut *218*
Chinesische Pfannkuchen *219*
Wan-Tan-Häute *221*
Spargel mit Muscheln *222*
Spargel mit Eiersauce *223*

Hähnchen in Tomatensauce

für 4 Personen

30 ml / 2 Esslöffel Erdnussöl

5 ml/1 Teelöffel Salz

2 gehackte Knoblauchzehen

450 g / 1 Kilogramm Hähnchen, gewürfelt

300 ml / ½ pt / 1¼ Tassen Hühnersuppe

120 ml / 4 fl oz / ½ Tasse Tomatensauce (Ketchup)

15 ml / 1 Esslöffel Maismehl (Maisstärke)

4 Frühlingszwiebeln (Frühlingszwiebeln), in Scheiben geschnitten

Das Öl mit Salz und Knoblauch erhitzen, bis der Knoblauch leicht goldbraun wird. Das Hähnchen dazugeben und anbraten, bis es leicht goldbraun ist. Den größten Teil der Brühe dazugeben, zum Kochen bringen und zugedeckt etwa 15 Minuten köcheln lassen, bis das Hähnchen weich ist. Die restliche Brühe mit der Tomatensauce und dem Öl vermischen und in die Pfanne gießen. Bei schwacher Hitze unter Rühren kochen, bis die Sauce eindickt und klar wird. Wenn die Soße sehr dünn ist, lassen Sie sie etwas kochen, bis sie einkocht. Den Schnittlauch dazugeben und vor dem Servieren 2 Minuten kochen lassen.

Huhn mit Tomaten

für 4 Personen

225 g / 8 Unzen Hühnchen, gewürfelt
15 ml / 1 Esslöffel Maismehl (Maisstärke)
15 ml/1 Esslöffel Sojasauce
15 ml / 1 Esslöffel Reiswein oder trockener Sherry
45 ml / 3 Esslöffel Erdnussöl (Erdnüsse)
1 gewürfelte Zwiebel
60 ml / 4 EL Hühnerbrühe
5 ml/1 Teelöffel Salz
5 ml/1 Teelöffel Zucker
2 Tomaten, geschält und gewürfelt

Das Hähnchen mit Maisstärke, Sojasauce und Wein oder Sherry vermischen und 30 Minuten ruhen lassen. Erhitzen Sie das Öl und braten Sie das Hähnchen an, bis es eine helle Farbe hat. Die Zwiebel dazugeben und anbraten, bis sie weich ist. Brühe, Salz und Zucker hinzufügen, zum Kochen bringen und bei schwacher Hitze vorsichtig rühren, bis das Huhn gar ist. Fügen Sie die Tomaten hinzu und rühren Sie, bis sie durchgewärmt sind.

Pochiertes Hähnchen mit Tomaten

für 4 Personen

4 Portionen Hühnchen
4 Tomaten, gehäutet und geviertelt
15 ml / 1 Esslöffel Reiswein oder trockener Sherry
15 ml / 1 Esslöffel Erdnussöl
Salz

Das Hähnchen in eine Pfanne geben und mit kaltem Wasser bedecken. Zum Kochen bringen, abdecken und 20 Minuten köcheln lassen. Tomaten, Wein oder Sherry, Öl und Salz hinzufügen, abdecken und weitere 10 Minuten köcheln lassen, bis das Hähnchen gar ist. Das Hähnchen auf einem vorgewärmten Teller anrichten und zum Servieren in Stücke schneiden. Soße erneut erhitzen und zum Servieren über das Hähnchen gießen.

Hähnchen und Tomaten mit schwarzer Bohnensauce

für 4 Personen

45 ml / 3 Esslöffel Erdnussöl (Erdnüsse)

1 zerdrückte Knoblauchzehe

45 ml / 3 Esslöffel schwarze Bohnensauce

225 g / 8 Unzen Hühnchen, gewürfelt

15 ml / 1 Esslöffel Reiswein oder trockener Sherry

5 ml/1 Teelöffel Zucker

15 ml/1 Esslöffel Sojasauce

90 ml / 6 EL Hühnerbrühe

3 Tomaten, geschält und geviertelt

10 ml / 2 Teelöffel Maismehl (Maisstärke)

45 ml / 3 Esslöffel Wasser

Das Öl erhitzen und den Knoblauch 30 Sekunden lang anbraten. Fügen Sie die schwarze Bohnensauce hinzu und braten Sie sie 30 Sekunden lang. Fügen Sie dann das Huhn hinzu und rühren Sie, bis es gut mit dem Öl bedeckt ist. Wein oder Sherry, Zucker, Sojasauce und Brühe hinzufügen, zum Kochen bringen, abdecken und etwa 5 Minuten köcheln lassen, bis das Huhn gar ist. Maismehl und Wasser zu einer Paste vermischen, in die

Pfanne rühren und unter Rühren kochen, bis die Soße dünner und dicker wird.

Schnell gekochtes Hähnchen mit Gemüse

für 4 Personen

1 Eiweiß

50 g / 2 oz Maismehl (Maisstärke)

8 oz / 225 g Hähnchenbrust, in Streifen geschnitten

75 ml / 5 Esslöffel Erdnussöl (Erdnüsse)

200 g Bambussprossen, in Streifen geschnitten

50 g Sojasprossen

1 grüne Paprika, in Streifen geschnitten

3 Frühlingszwiebeln (Zwiebeln), in Scheiben geschnitten

1 Scheibe Ingwerwurzel, gehackt

1 gehackte Knoblauchzehe

15 ml / 1 Esslöffel Reiswein oder trockener Sherry

Eiweiß und Maisstärke verquirlen und die Hähnchenstreifen darin eintauchen. Erhitzen Sie das Öl auf eine hohe Temperatur und braten Sie das Hähnchen einige Minuten lang, bis es gar ist. Aus der Pfanne nehmen und gut abtropfen lassen. Bambussprossen, Sojasprossen, Paprika, Zwiebel, Ingwer und Knoblauch in die Pfanne geben und 3 Minuten anbraten. Den

Wein oder Sherry hinzufügen und das Huhn wieder in die Pfanne geben. Vor dem Servieren gut vermischen und erhitzen.

Huhn mit Nüssen

für 4 Personen

45 ml / 3 Esslöffel Erdnussöl (Erdnüsse)

2 Tees, gehackt

1 Scheibe Ingwerwurzel, gehackt

1 Kilogramm / 450g Hähnchenbrust, sehr dünn geschnitten

50 g Schinken, zerkleinert

30 ml / 2 Esslöffel Sojasauce

30 ml / 2 Esslöffel Reiswein oder trockener Sherry

5 ml/1 Teelöffel Zucker

5 ml/1 Teelöffel Salz

100 g / 4 oz / 1 Tasse Walnüsse, gehackt

Das Öl erhitzen und die Zwiebel und den Ingwer 1 Minute anbraten. Hähnchen und Schinken dazugeben und 5 Minuten braten, bis sie fast gar sind. Sojasauce, Wein oder Sherry, Zucker und Salz hinzufügen und 3 Minuten braten. Die Walnüsse dazugeben und 1 Minute braten, bis die Zutaten gut vermischt sind.

Huhn mit Walnüssen

für 4 Personen

100 g / 4 oz / 1 Tasse geschälte Walnüsse, halbiert
Frittieröl
45 ml / 3 Esslöffel Erdnussöl (Erdnüsse)
2 Scheiben Ingwerwurzel, gehackt
225 g / 8 Unzen Hühnchen, gewürfelt
100 g Bambussprossen, in Scheiben geschnitten
75 ml / 5 EL Hühnerbrühe

Bereiten Sie die Walnüsse vor, erhitzen Sie das Öl und braten Sie die Walnüsse an, bis sie braun werden und gut abtropfen können. Erdnussöl erhitzen und den Ingwer 30 Sekunden anbraten. Das Hähnchen dazugeben und anbraten, bis es leicht goldbraun ist. Die restlichen Zutaten hinzufügen, zum Kochen bringen und unter Rühren kochen, bis das Huhn gar ist.

Huhn mit Wasserkastanien

für 4 Personen

45 ml / 3 Esslöffel Erdnussöl (Erdnüsse)

2 gehackte Knoblauchzehen

2 Tees, gehackt

1 Scheibe Ingwerwurzel, gehackt

225 g Hähnchenbrust, in Scheiben geschnitten

100 g Wasserkastanien, in Scheiben geschnitten

45 ml / 3 Esslöffel Sojasauce

15 ml / 1 Esslöffel Reiswein oder trockener Sherry

5 ml / 1 Teelöffel Maismehl (Maisstärke)

Das Öl erhitzen und den Knoblauch, die Frühlingszwiebeln und den Ingwer anbraten, bis sie leicht goldbraun werden. Das Hähnchen dazugeben und 5 Minuten braten. Die Wasserkastanien dazugeben und 3 Minuten braten. Sojasauce, Wein oder Sherry und Maismehl hinzufügen und etwa 5 Minuten anbraten, bis das Huhn gar ist.

Gesalzenes Hähnchen mit Wasserkastanien

für 4 Personen

30 ml / 2 Esslöffel Erdnussöl

4 Stück Hühnchen

3 Tees, gehackt

2 gehackte Knoblauchzehen

1 Scheibe Ingwerwurzel, gehackt

250 ml / 8 fl oz / 1 Tasse Sojasauce

30 ml / 2 Esslöffel Reiswein oder trockener Sherry

30 ml / 2 Esslöffel brauner Zucker

5 ml/1 Teelöffel Salz

375 ml / 13 fl oz / 1¼ Tassen Wasser

225 g Wasserkastanien, in Scheiben geschnitten

15 ml / 1 Esslöffel Maismehl (Maisstärke)

Das Öl erhitzen und die Hähnchenteile goldbraun braten. Schnittlauch, Knoblauch und Ingwer hinzufügen und 2 Minuten braten. Sojasauce, Wein oder Sherry, Zucker und Salz hinzufügen und gut vermischen. Das Wasser hinzufügen und zum Kochen bringen, abdecken und 20 Minuten köcheln lassen. Die Wasserkastanien hinzufügen und zugedeckt weitere 20 Minuten köcheln lassen. Das Maismehl mit etwas Wasser vermischen, in die Soße einrühren und unter Rühren kochen, bis die Soße dünner und dicker wird.

Hühnchen-Wan-Tan

für 4 Personen

4 getrocknete chinesische Pilze

450 g Hähnchenbrust, gehackt

8 oz / 225 g gemischtes Gemüse, gehackt

1 Frühlingszwiebel (Zwiebel), gehackt

15 ml/1 Esslöffel Sojasauce

2,5 ml / ½ TL Salz

40 Wan-Tan-Häute

1 geschlagenes Ei

Die Pilze 30 Minuten in lauwarmem Wasser einweichen, dann abtropfen lassen. Die Stiele entfernen und die Spitzen abschneiden. Mit Hühnchen, Gemüse, Sojasauce und Salz vermischen.

Um die Wontons zu falten, halten Sie die Haut in der linken Handfläche und geben Sie etwas Füllung in die Mitte. Die Ränder mit Ei bestreichen und die Kruste zu einem Dreieck falten, dabei die Ränder verschließen. Die Ecken mit Ei benetzen und verdrehen.

Einen Topf Wasser zum Kochen bringen. Die Wontons hinzufügen und etwa 10 Minuten kochen lassen, bis sie an der Oberfläche schwimmen.

knusprige Hähnchenflügel

für 4 Personen

900 g / 2 Pfund Hähnchenflügel
60 ml / 4 Esslöffel Reiswein oder trockener Sherry
60 ml / 4 Esslöffel Sojasauce
50 g / 2 oz / ½ Tasse Maismehl (Maisstärke)
Erdnussöl zum Braten

Die Chicken Wings in eine Schüssel geben. Die restlichen Zutaten vermischen und über die Chicken Wings gießen und gut umrühren, bis sie mit der Sauce bedeckt sind. Abdecken und 30 Minuten ruhen lassen. Erhitzen Sie das Öl und braten Sie das Hähnchen nach und nach an, bis es gut gegart und dunkelbraun ist. Auf Küchenpapier gut abtropfen lassen und warm halten, während das restliche Hähnchen gebraten wird.

Hähnchenflügel mit fünf Gewürzen

für 4 Personen

30 ml / 2 Esslöffel Erdnussöl

2 gehackte Knoblauchzehen

450 g / 1 Kilogramm Hähnchenflügel

250 ml / 8 fl oz / 1 Tasse Hühnerbrühe

30 ml / 2 Esslöffel Sojasauce

5 ml/1 Teelöffel Zucker

5 ml / 1 Teelöffel Fünf-Gewürze-Pulver

Öl und Knoblauch erhitzen, bis der Knoblauch leicht golden wird. Das Hähnchen dazugeben und anbraten, bis es leicht goldbraun ist. Die restlichen Zutaten dazugeben, gut vermischen und zum Kochen bringen. Abdecken und etwa 15 Minuten köcheln lassen, bis das Huhn gar ist. Nehmen Sie den Deckel ab und kochen Sie bei schwacher Hitze unter gelegentlichem Rühren weiter, bis der größte Teil der Flüssigkeit verdampft ist. Heiß oder kalt servieren.

Marinierte Hähnchenflügel

für 4 Personen

45 ml / 3 Esslöffel Sojasauce

45 ml / 3 Esslöffel Reiswein oder trockener Sherry

30 ml / 2 Esslöffel brauner Zucker

5 ml / 1 Teelöffel geriebene Ingwerwurzel

2 gehackte Knoblauchzehen

6 Frühlingszwiebeln (Zwiebeln), in Scheiben geschnitten

450 g / 1 Kilogramm Hähnchenflügel

30 ml / 2 Esslöffel Erdnussöl

225 g Bambussprossen, in Scheiben geschnitten

20 ml / 4 Teelöffel Maismehl (Maisstärke)

175 ml / 6 fl oz / ¾ Tasse Hühnerbrühe

Sojasauce, Wein oder Sherry, Zucker, Ingwer, Knoblauch und Schnittlauch unterrühren. Fügen Sie die Hähnchenflügel hinzu und vermengen Sie sie, bis sie vollständig bedeckt sind. Abdecken und 1 Stunde ruhen lassen, dabei gelegentlich umrühren. Das Öl erhitzen und die Bambussprossen 2 Minuten braten. Nehmen Sie sie aus der Pfanne. Hähnchen und Zwiebeln abtropfen lassen und die Marinade auffangen. Das Öl erhitzen und das Hähnchen anbraten, bis es von allen Seiten braun ist. Abdecken und weitere 20 Minuten garen, bis das Hähnchen zart ist. Maisstärke mit Brühe und beiseite gestellter Marinade vermischen. Über das Huhn gießen und unter Rühren zum Kochen bringen, bis die Sauce eindickt. Die Bambussprossen hinzufügen und unter Rühren weitere 2 Minuten kochen lassen.

Königliche Chicken Wings

für 4 Personen

12 Hühnerflügel

250 ml / 8 fl oz / 1 Tasse Erdnussöl (Erdnüsse)

15 ml/1 Esslöffel Kristallzucker

2 Frühlingszwiebeln (Zwiebeln), in Stücke geschnitten

5 Scheiben Ingwerwurzel

5 ml/1 Teelöffel Salz

45 ml / 3 Esslöffel Sojasauce

250 ml / 8 fl oz / 1 Tasse Reiswein oder trockener Sherry

250 ml / 8 fl oz / 1 Tasse Hühnerbrühe

10 Scheiben Bambussprossen

15 ml / 1 Esslöffel Maismehl (Maisstärke)

15 ml/1 Esslöffel Wasser

2,5 ml / ½ TL Sesamöl

Die Hähnchenflügel 5 Minuten in kochendem Wasser kochen, dann gut abtropfen lassen. Das Öl erhitzen, den Zucker hinzufügen und verrühren, bis er schmilzt und braun wird.

Hühnchen, Tee, Ingwer, Salz, Sojasauce, Wein und Brühe hinzufügen, zum Kochen bringen und 20 Minuten köcheln lassen. Die Bambussprossen hinzufügen und 2 Minuten kochen lassen oder bis die Flüssigkeit fast verdampft ist. Mischen Sie das Maismehl mit dem Wasser, rühren Sie es in die Pfanne und rühren Sie, bis es eindickt. Die Hähnchenflügel auf einen heißen Servierteller geben und mit Sesamöl beträufelt servieren.

Gewürzte Hähnchenflügel

für 4 Personen

30 ml / 2 Esslöffel Erdnussöl

5 ml/1 Teelöffel Salz

2 gehackte Knoblauchzehen

900 g / 2 Pfund Hähnchenflügel

30 ml / 2 Esslöffel Reiswein oder trockener Sherry

30 ml / 2 Esslöffel Sojasauce

30 ml / 2 EL Tomatenmark (Paste)

15 ml / 1 EL Worcestershire-Sauce

Öl, Salz und Knoblauch erhitzen und anbraten, bis der Knoblauch leicht goldbraun wird. Fügen Sie die Hähnchenflügel hinzu und braten Sie sie unter häufigem Rühren etwa 10 Minuten lang, bis sie goldbraun und fast gar sind. Die restlichen Zutaten hinzufügen und etwa 5 Minuten braten, bis das Hähnchen knusprig und durchgegart ist.

Gegrillte Hähnchenschenkel

für 4 Personen

16 Hähnchenschenkel
30 ml / 2 Esslöffel Reiswein oder trockener Sherry
30 ml / 2 Esslöffel Weinessig
30 ml / 2 Esslöffel Olivenöl
Salz und frisch gemahlener Pfeffer
120 ml / 4 fl oz / ½ Tasse Orangensaft
30 ml / 2 Esslöffel Sojasauce
30 ml / 2 Löffel Honig
15 ml / 1 Esslöffel Zitronensaft
2 Scheiben Ingwerwurzel, gehackt
120 ml / 4 fl oz / ½ Tasse Chilisauce

Alle Zutaten bis auf die Chilisauce vermischen, abdecken und über Nacht im Kühlschrank marinieren lassen. Nehmen Sie das Hähnchen aus der Marinade und garen Sie es etwa 25 Minuten lang auf dem Grill oder Grill (Grill), wenden Sie es und bestreichen Sie es während des Garens mit der Chilisauce.

Hoisin-Hähnchenschenkel

für 4 Personen

8 Hähnchenschenkel
600 ml / 1 pt / 2½ Tassen Hühnerbrühe
Salz und frisch gemahlener Pfeffer
250 ml / 8 fl oz / 1 Tasse Hoisinsauce
30 ml / 2 EL Mehl (Allzweckmehl)
2 geschlagene Eier
100 g / 4 oz / 1 Tasse Semmelbrösel
Frittieröl

Die Fässer und die Brühe in einen Topf geben, zum Kochen bringen, abdecken und 20 Minuten köcheln lassen, bis sie gar sind. Das Hähnchen aus der Pfanne nehmen und mit Küchenpapier trocken tupfen. Das Hähnchen in eine Schüssel geben und mit Salz und Pfeffer würzen. Mit der Hoisinsauce übergießen und 1 Stunde marinieren lassen. Abfließen. Das Hähnchen in Mehl wenden, dann mit Eiern und Semmelbröseln bestreichen, dann erneut mit Ei und Semmelbröseln. Das Öl erhitzen und das Hähnchen etwa 5 Minuten braten, bis es braun ist. Auf Küchenpapier abtropfen lassen und heiß oder kalt servieren.

gekochtes Huhn

Für 4 bis 6 Portionen

75 ml / 5 Esslöffel Erdnussöl (Erdnüsse)

1 Huhn

3 Frühlingszwiebeln (Zwiebeln), in Scheiben geschnitten

3 Scheiben Ingwerwurzel

120 ml / 4 fl oz / ½ Tasse Sojasauce

30 ml / 2 Esslöffel Reiswein oder trockener Sherry

5 ml/1 Teelöffel Zucker

Das Öl erhitzen und das Hähnchen darin goldbraun braten. Zwiebel, Ingwer, Sojasauce und Wein oder Sherry hinzufügen und zum Kochen bringen. Abdecken und 30 Minuten köcheln lassen, dabei gelegentlich wenden. Zucker hinzufügen, abdecken und weitere 30 Minuten köcheln lassen, bis das Huhn gar ist.

knusprig frittiertes Hühnchen

für 4 Personen

1 Huhn

Salz

30 ml / 2 Esslöffel Reiswein oder trockener Sherry

3 Frühlingszwiebeln (Zwiebeln), gewürfelt

1 Scheibe Ingwerwurzel

30 ml / 2 Esslöffel Sojasauce

30 ml / 2 Esslöffel Zucker

5 ml / 1 Teelöffel ganze Nelken

5 ml/1 Teelöffel Salz

5 ml / 1 Teelöffel Pfefferkörner

150 ml / ¼ pt / großzügige ½ Tasse Hühnerbrühe

Frittieröl

1 grüner Salat, gehackt

4 Tomaten, in Scheiben geschnitten

½ Gurke, in Scheiben geschnitten

Das Hähnchen mit Salz einreiben und 3 Stunden ruhen lassen. Spülen und in eine Schüssel geben. Wein oder Sherry, Ingwer, Sojasauce, Zucker, Nelken, Salz, Pfefferkörner und Brühe hinzufügen und gut vermischen. Stellen Sie das Gericht in einen Dampfgarer, decken Sie es ab und dämpfen Sie es etwa 2 ¼

Stunden lang, bis das Hähnchen gar ist. Abfließen. Das Öl erhitzen, bis es raucht, dann das Hähnchen dazugeben und goldbraun braten. Weitere 5 Minuten braten, aus dem Öl nehmen und abtropfen lassen. In Scheiben schneiden und auf einen heißen Servierteller legen. Mit Salat, Tomate und Gurke garnieren und mit einem Salz-Pfeffer-Dressing servieren.

Ganzes gebratenes Hähnchen

Tore 5

1 Huhn

10 ml / 2 Teelöffel Salz

15 ml / 1 Esslöffel Reiswein oder trockener Sherry

2 Tee(s), halbiert

3 Scheiben Ingwerwurzel, in Streifen schneiden

Frittieröl

Tupfen Sie das Huhn trocken und reiben Sie die Haut mit Salz und Wein oder Sherry ein. Den Schnittlauch und den Ingwer in den Hohlraum geben. Hängen Sie das Huhn zum Trocknen etwa 3 Stunden lang an einen kühlen Ort. Das Öl erhitzen und das Hähnchen in eine Bratpfanne geben. Vorsichtig in das Öl eintauchen und kontinuierlich innen und außen begießen, bis das Hähnchen leicht gefärbt ist. Aus dem Öl nehmen und etwas abkühlen lassen, während das Öl erneut erhitzt wird. Nochmals goldbraun braten. Gut abtropfen lassen und dann in Stücke schneiden.

Fünf-Gewürze-Hähnchen

Für 4 bis 6 Portionen

1 Huhn

120 ml / 4 fl oz / ½ Tasse Sojasauce

2,5 cm Ingwerwurzel, gehackt

1 zerdrückte Knoblauchzehe

15 ml / 1 Esslöffel Fünf-Gewürze-Pulver

30 ml / 2 Esslöffel Reiswein oder trockener Sherry

30 ml / 2 Löffel Honig

2,5 ml / ½ TL Sesamöl

Frittieröl

30 ml / 2 Esslöffel Salz

5 ml / 1 Teelöffel frisch gemahlener Pfeffer

Legen Sie das Hähnchen in einen großen Topf und füllen Sie ihn bis zur Mitte des Oberschenkels mit Wasser. Reservieren Sie 15 ml/1 EL Sojasauce und geben Sie den Rest zusammen mit Ingwer, Knoblauch und der Hälfte des Fünf-Gewürze-Pulvers in die Pfanne. Zum Kochen bringen, abdecken und 5 Minuten köcheln lassen. Schalten Sie den Herd aus und lassen Sie das Huhn im Wasser ruhen, bis das Wasser lauwarm ist. Abfließen.

Das Hähnchen der Länge nach halbieren und mit der Schnittfläche nach unten auf ein Backblech legen. Restliche

Sojasauce und Fünf-Gewürze-Pulver mit Wein oder Sherry, Honig und Sesamöl vermischen. Reiben Sie die Mischung über das Huhn und lassen Sie es 2 Stunden lang ruhen, wobei Sie es gelegentlich mit der Mischung bestreichen. Das Öl erhitzen und die Hähnchenhälften etwa 15 Minuten braten, bis sie braun und gar sind. Auf Küchenpapier abtropfen lassen und in Stücke schneiden.

In der Zwischenzeit Salz und Pfeffer untermischen und in einer trockenen Pfanne etwa 2 Minuten erhitzen. Es wird als Soße zum Hühnchen serviert.

Huhn mit Ingwer und Schnittlauch

für 4 Personen

1 Huhn

2 Scheiben Ingwerwurzel, in Streifen schneiden

Salz und frisch gemahlener Pfeffer

90 ml / 4 Esslöffel Erdnussöl

8 Frühlingszwiebeln (Zwiebeln), fein gehackt

10 ml / 2 Teelöffel Weißweinessig

5 ml/1 Teelöffel Sojasauce

Geben Sie das Hähnchen in einen großen Topf, geben Sie die Hälfte des Ingwers hinzu und gießen Sie so viel Wasser hinein, dass das Hähnchen fast bedeckt ist. Mit Salz und Pfeffer würzen. Zum Kochen bringen, abdecken und etwa 1¼ Stunden köcheln lassen, bis es weich ist. Lassen Sie das Huhn in der Brühe ruhen, bis es abgekühlt ist. Das Hähnchen abtropfen lassen und im Kühlschrank aufbewahren, bis es abgekühlt ist. In Portionen schneiden.

Den restlichen Ingwer reiben und mit Öl, Frühlingszwiebeln, Weinessig und Sojasauce, Salz und Pfeffer vermischen. 1 Stunde kühl stellen. Die Hähnchenstücke in einer Servierschüssel anrichten und das Ingwerdressing darübergießen. Mit gedünstetem Reis servieren.

Pochiertes Hähnchen

für 4 Personen

1 Huhn
1,2 l / 2 Punkte / 5 Tassen Hühnerbrühe oder Wasser
30 ml / 2 Esslöffel Reiswein oder trockener Sherry
4 Tees, gehackt
1 Scheibe Ingwerwurzel
5 ml/1 Teelöffel Salz

Das Hähnchen mit allen restlichen Zutaten in einen großen Topf geben. Die Brühe bzw. das Wasser sollte bis zur Mitte des Oberschenkels reichen. Zum Kochen bringen, abdecken und etwa 1 Stunde köcheln lassen, bis das Hähnchen gar ist. Abgießen und die Brühe für Suppen auffangen.

Rotes gekochtes Huhn

für 4 Personen

1 Huhn

250 ml / 8 fl oz / 1 Tasse Sojasauce

Legen Sie das Hähnchen in eine Pfanne, gießen Sie die Sojasauce darüber und füllen Sie es mit Wasser auf, bis es das Hähnchen fast bedeckt. Zum Kochen bringen, abdecken und etwa 1 Stunde köcheln lassen, bis das Hähnchen gar ist, dabei gelegentlich wenden.

Hähnchen mit Gewürzen in Rot gegart

für 4 Personen

2 Scheiben Ingwerwurzel

2 Frühlingszwiebeln (Zwiebeln)

1 Huhn

3 Sternaniszehen

½ Zimtstange

15 ml / 1 EL Sichuan-Pfefferkörner

75 ml / 5 Esslöffel Sojasauce

75 ml / 5 Esslöffel Reiswein oder trockener Sherry

75 ml / 5 Esslöffel Sesamöl

15 ml / 1 Löffel Zucker

Geben Sie den Ingwer und die Tees in die Hähnchenmulde und legen Sie das Hähnchen in eine Pfanne. Sternanis, Zimt und Pfefferkörner in ein Stück Musselin binden und in die Pfanne geben. Sojasauce, Wein oder Sherry und Sesamöl darübergießen. Zum Kochen bringen, abdecken und etwa 45 Minuten köcheln lassen. Zucker hinzufügen, abdecken und weitere 10 Minuten kochen lassen, bis das Huhn gar ist.

Gegrilltes Sesamhähnchen

für 4 Personen

50 g Sesamsamen

1 fein gehackte Zwiebel

2 gehackte Knoblauchzehen

10 ml / 2 Teelöffel Salz

1 getrocknete rote Chili, zerdrückt

eine Prise gemahlene Nelken

2,5 ml / ½ Teelöffel gemahlener Kardamom

2,5 ml / ½ TL gemahlener Ingwer

75 ml / 5 Esslöffel Erdnussöl (Erdnüsse)

1 Huhn

Alle Gewürze und Öl vermischen und das Hähnchen damit bestreichen. Geben Sie es in ein Tablett und geben Sie 30 ml / 2 EL Wasser in die Pfanne. Im vorgeheizten Backofen bei 180 °C/350 °F/Gasstufe 4 etwa 2 Stunden braten, dabei das Hähnchen gelegentlich begießen und wenden, bis es goldbraun und durchgegart ist. Bei Bedarf noch etwas Wasser hinzufügen, um ein Anbrennen zu vermeiden.

Huhn in Sojasauce

Für 4 bis 6 Portionen

300 ml / ½ pt / 1 ¼ Tassen Sojasauce

300 ml / ½ pt / 1 ¼ Tasse Reiswein oder trockener Sherry

1 gehackte Zwiebel

3 Scheiben Ingwerwurzel, gehackt

50 g / 2 oz / ¼ Tasse Zucker

1 Huhn

15 ml / 1 Esslöffel Maismehl (Maisstärke)

60 ml / 4 Esslöffel Wasser

1 Gurke, geschält und in Scheiben geschnitten

30 ml / 2 Esslöffel gehackte frische Petersilie

Sojasauce, Wein oder Sherry, Zwiebel, Ingwer und Zucker in einer Pfanne vermischen und zum Kochen bringen. Das Hähnchen dazugeben, erneut aufkochen lassen, abdecken und 1 Stunde köcheln lassen, dabei das Hähnchen gelegentlich wenden, bis es gar ist. Das Hähnchen auf einen heißen Servierteller geben und in Scheiben schneiden. Von der Kochflüssigkeit bis auf 250 ml (8 fl oz / 1 Tasse) alles hineingießen und zum Kochen bringen. Maismehl und Wasser zu einer Paste vermischen, in die Pfanne rühren und unter Rühren kochen, bis die Soße dünner und dicker wird. Etwas Soße über das Hähnchen verteilen und das

Hähnchen mit Gurken und Petersilie dekorieren. Die restliche Soße separat servieren.

gedämpftes Hähnchen

für 4 Personen

1 Huhn

45 ml / 3 Esslöffel Reiswein oder trockener Sherry

Salz

2 Scheiben Ingwerwurzel

2 Frühlingszwiebeln (Zwiebeln)

250 ml / 8 fl oz / 1 Tasse Hühnerbrühe

Legen Sie das Hähnchen in eine ofenfeste Schüssel, reiben Sie es mit Wein oder Sherry und Salz ein und geben Sie Ingwer und Frühlingszwiebeln in die Mulde. Stellen Sie das Gericht auf einen Rost in einen Dampfgarer, decken Sie es ab und dämpfen Sie es etwa eine Stunde lang über kochendem Wasser, bis es gar ist. Heiß oder kalt servieren.

Gedämpftes Hähnchen mit Anis

für 4 Personen

250 ml / 8 fl oz / 1 Tasse Sojasauce

250 ml / 8 fl oz / 1 Tasse Wasser

15 ml/1 Esslöffel brauner Zucker

4 Sternaniszehen

1 Huhn

Sojasauce, Wasser, Zucker und Anis in einem Topf vermischen und bei schwacher Hitze zum Kochen bringen. Legen Sie das Hähnchen in eine Schüssel und bestreichen Sie die Mischung innen und außen gut. Die Mischung erneut erhitzen und den Vorgang wiederholen. Das Hähnchen in eine feuerfeste Schüssel geben. Stellen Sie das Gericht auf einen Rost in einen Dampfgarer, decken Sie es ab und dämpfen Sie es etwa eine Stunde lang über kochendem Wasser, bis es gar ist.

seltsam schmeckendes Hühnchen

für 4 Personen

1 Huhn

5 ml / 1 TL gehackte Ingwerwurzel

5 ml/1 Teelöffel gehackter Knoblauch

45 ml / 3 Esslöffel dicke Sojasauce

5 ml/1 Teelöffel Zucker

2,5 ml / ½ TL Weinessig

10 ml / 2 Teelöffel Sesamsauce

5 ml / 1 Teelöffel frisch gemahlener Pfeffer

10 ml / 2 Teelöffel Chiliöl

½ grüner Salat, gehackt

15 ml/1 Esslöffel frisch gehackter Koriander

Geben Sie das Hähnchen in eine Pfanne und füllen Sie diese bis zur Mitte der Hähnchenschenkel mit Wasser. Zum Kochen bringen, abdecken und etwa 1 Stunde köcheln lassen, bis das Hähnchen weich ist. Aus der Pfanne nehmen, gut abtropfen lassen und in Eiswasser einweichen, bis das Fleisch vollständig abgekühlt ist. Gut abtropfen lassen und in 5 cm große Stücke schneiden. Alle restlichen Zutaten vermischen und über das Hähnchen gießen. Mit Salat und Koriander garniert servieren.

knusprige Hähnchenstücke

für 4 Personen
100 g / 4 oz einfaches Mehl (Allzweckmehl)
Prise Salz
15 ml/1 Esslöffel Wasser
1 Ei
350 g / 12 oz gekochtes Hähnchen, gewürfelt
Frittieröl

Mehl, Salz, Wasser und Ei verrühren, bis ein ziemlich fester Teig entsteht, bei Bedarf noch etwas Wasser hinzufügen. Tauchen Sie die Hähnchenteile in den Teig, bis sie gut bedeckt sind. Erhitzen Sie das Öl sehr heiß und braten Sie das Hähnchen einige Minuten lang, bis es knusprig und goldbraun ist.

Huhn mit grünen Bohnen

für 4 Personen

45 ml / 3 Esslöffel Erdnussöl (Erdnüsse)
450 g / 1 Pfund gekochtes Hähnchen, gehackt
5 ml/1 Teelöffel Salz
2,5 ml / ½ Teelöffel frisch gemahlener Pfeffer
8 oz / 225 g grüne Bohnen, in Stücke geschnitten
1 Selleriestange, schräg geschnitten
225 g / 8 oz Pilze, in Scheiben geschnitten
250 ml / 8 fl oz / 1 Tasse Hühnerbrühe
30 ml / 2 Esslöffel Maismehl (Maisstärke)
60 ml / 4 Esslöffel Wasser
10 ml / 2 Teelöffel Sojasauce

Das Öl erhitzen und das Hähnchen darin anbraten, mit Salz und Pfeffer würzen, bis es leicht gebräunt ist. Bohnen, Sellerie und Pilze dazugeben und gut vermischen. Brühe hinzufügen, zum Kochen bringen, abdecken und 15 Minuten köcheln lassen. Maismehl, Wasser und Sojasauce zu einer Paste vermischen, in die Pfanne rühren und unter Rühren kochen, bis die Sauce dünner und dicker wird.

Gekochtes Hähnchen mit Ananas

für 4 Personen

45 ml / 3 Esslöffel Erdnussöl (Erdnüsse)
8 oz / 225 g gekochtes Hähnchen, gewürfelt
Salz und frisch gemahlener Pfeffer
2 Stangen Sellerie, schräg geschnitten
3 Ananasscheiben, in Stücke geschnitten
120 ml / 4 fl oz / ½ Tasse Hühnerbrühe
15 ml/1 Esslöffel Sojasauce
10 ml / 2 Esslöffel Maismehl (Maisstärke)
30 ml / 2 Esslöffel Wasser

Erhitzen Sie das Öl und braten Sie das Hähnchen, bis es leicht goldbraun wird. Mit Salz und Pfeffer würzen, Sellerie hinzufügen und 2 Minuten braten. Ananas, Brühe und Sojasauce hinzufügen und einige Minuten rühren, bis alles durchgewärmt ist. Maismehl und Wasser zu einer Paste vermischen, in die Pfanne rühren und unter Rühren kochen, bis die Soße dünner und dicker wird.

Hähnchen mit Paprika und Tomaten

für 4 Personen

45 ml / 3 Esslöffel Erdnussöl (Erdnüsse)
450 g / 1 Pfund gekochtes Hähnchen, in Scheiben geschnitten
10 ml / 2 Teelöffel Salz
5 ml / 1 Teelöffel frisch gemahlener Pfeffer
1 grüne Paprika in Stücke schneiden
4 große Tomaten, geschält und in Scheiben geschnitten
250 ml / 8 fl oz / 1 Tasse Hühnerbrühe
30 ml / 2 Esslöffel Maismehl (Maisstärke)
15 ml/1 Esslöffel Sojasauce
120 ml / 4 fl oz / ½ Tasse Wasser

Das Öl erhitzen und das Hähnchen darin anbraten, mit Salz und Pfeffer goldbraun würzen. Paprika und Tomaten hinzufügen. Mit der Brühe aufgießen, zum Kochen bringen, abdecken und 15 Minuten kochen lassen. Maismehl, Sojasauce und Wasser zu einer Paste vermischen, in der Pfanne vermischen und unter Rühren kochen, bis die Sauce dünner und dicker wird.

Sesame Chicken

für 4 Personen

450 g / 1 Pfund gekochtes Hähnchen, in Streifen geschnitten

2 Scheiben fein gehackter Ingwer

1 Frühlingszwiebel (Zwiebel), fein gehackt

Salz und frisch gemahlener Pfeffer

60 ml / 4 Esslöffel Reiswein oder trockener Sherry

60 ml / 4 Esslöffel Sesamöl

10 ml / 2 Teelöffel Zucker

5 ml/1 Teelöffel Weinessig

150 ml / ¼ pt / ½ Tasse großzügige Sojasauce

Das Hähnchen auf einem Servierteller anrichten und mit Ingwer, Schnittlauch, Salz und Pfeffer bestreuen. Wein oder Sherry, Sesamöl, Zucker, Weinessig und Sojasauce einrühren. Über das Huhn gießen.

frittierte Küken

für 4 Personen

2 Schalotten, halbiert

45 ml / 3 Esslöffel Sojasauce

45 ml / 3 Esslöffel Reiswein oder trockener Sherry

120 ml / 4 fl oz / ½ Tasse Erdnussöl (Erdnüsse)

1 Frühlingszwiebel (Zwiebel), fein gehackt

30 ml / 2 EL Hühnerbrühe

10 ml / 2 Teelöffel Zucker

5 ml/1 Teelöffel Chiliöl

5 ml / 1 Teelöffel Knoblauchpaste

Salz und Pfeffer

Die Kichererbsen in eine Schüssel geben. Sojasauce und Wein oder Sherry vermischen, über die Stubenküken gießen, abdecken und 2 Stunden lang marinieren, dabei häufig begießen. Erhitzen Sie das Öl und braten Sie die Kleinen etwa 20 Minuten lang an, bis sie gut gegart sind. Nehmen Sie sie aus der Pfanne und erhitzen Sie das Öl erneut. Zurück in die Pfanne geben und goldbraun braten. Den größten Teil des Öls abgießen. Die restlichen Zutaten vermischen, in die Pfanne geben und schnell erhitzen. Vor dem Servieren über die Pousins gießen.

Truthahn mit Zuckererbsen

für 4 Personen

60 ml / 4 Esslöffel Erdnussöl

2 Tees, gehackt

2 gehackte Knoblauchzehen

1 Scheibe Ingwerwurzel, gehackt

225 g Putenbrust, in Streifen geschnitten

8 oz / 225 g Zuckerschoten

100 g Bambussprossen, in Streifen geschnitten

50 g Wasserkastanien, in Streifen geschnitten

45 ml / 3 Esslöffel Sojasauce

15 ml / 1 Esslöffel Reiswein oder trockener Sherry

5 ml/1 Teelöffel Zucker

5 ml/1 Teelöffel Salz

15 ml / 1 Esslöffel Maismehl (Maisstärke)

45 ml/3 EL Öl erhitzen und Frühlingszwiebeln, Knoblauch und Ingwer leicht goldbraun braten. Den Truthahn dazugeben und 5 Minuten braten. Aus der Pfanne nehmen und beiseite stellen. Das restliche Öl erhitzen und die Zuckerschoten, Bambussprossen und Wasserkastanien 3 Minuten braten. Sojasauce, Wein oder Sherry, Zucker und Salz hinzufügen und den Truthahn wieder in die Pfanne geben. 1 Minute kochen lassen. Das Maismehl wird

mit etwas Wasser vermischt, in die Pfanne gegeben und unter Rühren köcheln lassen, bis die Soße dünner und dicker wird.

Truthahn mit Paprika

für 4 Personen

4 getrocknete chinesische Pilze

30 ml / 2 Esslöffel Erdnussöl

1 Pak Choi, in Streifen geschnitten

350 g geräucherter Truthahn, in Streifen geschnitten

1 geschnittene Zwiebel

1 rote Paprika in Streifen schneiden

1 grüne Paprika, in Streifen geschnitten

120 ml / 4 fl oz / ½ Tasse Hühnerbrühe

30 ml / 2 EL Tomatenmark (Paste)

45 ml / 3 Esslöffel Weinessig

30 ml / 2 Esslöffel Sojasauce

15 ml/1 Esslöffel Hoisinsauce

10 ml / 2 Teelöffel Maismehl (Maisstärke)

ein paar Tropfen Peperoniöl

Die Pilze 30 Minuten in lauwarmem Wasser einweichen, dann abtropfen lassen. Die Stiele entfernen und die Spitzen in Streifen schneiden. Die Hälfte des Öls erhitzen und den Kohl etwa 5 Minuten lang braten, bis er gar ist. Aus der Pfanne nehmen. Den Truthahn dazugeben und 1 Minute braten. Das Gemüse hinzufügen und 3 Minuten braten. Die Brühe mit Tomatenpüree,

Weinessig und Soßen vermischen und zum Kohl in den Topf geben. Speisestärke mit etwas Wasser verrühren, in den Topf einrühren und unter Rühren aufkochen. Mit Chiliöl beträufeln und bei schwacher Hitze unter ständigem Rühren 2 Minuten kochen lassen.

Chinesischer Truthahnbraten

Für 8 bis 10 Personen

1 kleiner Truthahn
600 ml / 1 pt / 2½ Tassen heißes Wasser
10 ml / 2 Teelöffel Piment
500 ml / 16 fl oz / 2 Tassen Sojasauce
5 ml / 1 Teelöffel Sesamöl
10 ml / 2 Teelöffel Salz
45 ml / 3 Esslöffel Butter

Geben Sie den Truthahn in eine Pfanne und übergießen Sie ihn mit heißem Wasser. Die restlichen Zutaten außer der Butter dazugeben und 1 Stunde unter mehrmaligem Wenden stehen lassen. Truthahn aus der Flüssigkeit nehmen und mit Butter bestreichen. In ein Blech legen, locker mit Küchenpapier abdecken und im vorgeheizten Backofen bei 160 °C/325 °F/Gasstufe 3 etwa 4 Stunden rösten, dabei gelegentlich mit der Sojasaucenflüssigkeit begießen. Entfernen Sie die Folie und lassen Sie die Haut während der letzten 30 Minuten des Garvorgangs aufgehen.

Truthahn mit Nüssen und Pilzen

für 4 Personen
450 g / 1 kg Putenbrustfilet
Salz und Pfeffer
Saft von 1 Orange
15 ml / 1 EL Mehl (Allzweckmehl)
12 in Saft eingelegte schwarze Walnüsse
5 ml / 1 Teelöffel Maismehl (Maisstärke)
15 ml / 1 Esslöffel Erdnussöl
2 Frühlingszwiebeln (Zwiebeln), gewürfelt
225g / 8oz Pilze
45 ml / 3 Esslöffel Reiswein oder trockener Sherry
10 ml / 2 Teelöffel Sojasauce
50 g / 2 oz / ½ Tasse Butter
25 g Pinienkerne

Den Truthahn in 1/2 cm dicke Scheiben schneiden. Mit Salz, Pfeffer und Orangensaft bestreuen und mit Mehl bestäuben. Die Walnüsse abtropfen lassen, halbieren, dabei die Flüssigkeit auffangen und die Flüssigkeit mit der Maisstärke vermischen. Das Öl erhitzen und den Truthahn goldbraun braten. Frühlingszwiebeln und Pilze hinzufügen und 2 Minuten braten.

Wein oder Sherry und Sojasauce hinzufügen und 30 Sekunden köcheln lassen. Die Walnüsse zur Maismehlmischung geben, dann in die Pfanne rühren und zum Kochen bringen. Die Butter in kleinen Flöckchen dazugeben, aber nicht kochen lassen. Die Pinienkerne in einer trockenen Pfanne goldbraun rösten. Die Putenmischung auf einen warmen Servierteller geben und mit Pinienkernen garniert servieren.

Ente mit Bambussprossen

für 4 Personen
6 getrocknete chinesische Pilze
1 Ente
50 g geräucherter Schinken, in Streifen geschnitten
100 g Bambussprossen, in Streifen geschnitten
2 Frühlingszwiebeln (Frühlingszwiebeln), in Streifen geschnitten
2 Scheiben Ingwerwurzel, in Streifen schneiden
5 ml/1 Teelöffel Salz

Die Pilze 30 Minuten in lauwarmem Wasser einweichen, dann abtropfen lassen. Die Stiele entfernen und die Spitzen in Streifen schneiden. Alle Zutaten in eine hitzebeständige Schüssel geben und in einen mit Wasser gefüllten Topf stellen, bis die Schüssel zu zwei Dritteln gefüllt ist. Zum Kochen bringen, abdecken und etwa 2 Stunden köcheln lassen, bis die Ente gar ist, bei Bedarf mit kochendem Wasser auffüllen.

Ente mit Sojasprossen

für 4 Personen

225 g Sojasprossen
45 ml / 3 Esslöffel Erdnussöl (Erdnüsse)
450 g / 1 Pfund gekochtes Entenfleisch
15 ml/1 Esslöffel Austernsauce
15 ml / 1 Esslöffel Reiswein oder trockener Sherry
30 ml / 2 Esslöffel Wasser
2,5 ml / ½ TL Salz

Die Sojasprossen 2 Minuten in kochendem Wasser blanchieren und dann abtropfen lassen. Öl erhitzen, Sojasprossen 30 Sekunden braten. Die Ente dazugeben und anbraten, bis sie durchgewärmt ist. Die restlichen Zutaten hinzufügen und 2 Minuten braten, um die Aromen zu vermischen. Sofort servieren.

geschmorte Ente

für 4 Personen

4 Tees, gehackt

1 Scheibe Ingwerwurzel, gehackt

120 ml / 4 fl oz / ½ Tasse Sojasauce

30 ml / 2 Esslöffel Reiswein oder trockener Sherry

1 Ente

120 ml / 4 fl oz / ½ Tasse Erdnussöl (Erdnüsse)

600 ml / 1 pt / 2½ Tassen Wasser

15 ml/1 Esslöffel brauner Zucker

Mischen Sie Frühlingszwiebeln, Ingwer, Sojasauce und Wein oder Sherry und reiben Sie die Ente innen und außen damit ein. Das Öl erhitzen und die Ente von allen Seiten leicht goldbraun braten. Lassen Sie das Öl ab. Wasser und die restliche Sojasaucenmischung hinzufügen, zum Kochen bringen, abdecken und 1 Stunde köcheln lassen. Den Zucker hinzufügen und zugedeckt weitere 40 Minuten köcheln lassen, bis die Ente weich ist.

Gedämpfte Ente mit Sellerie

für 4 Personen

350 g gekochte Ente, in Scheiben geschnitten
1 Kopf Sellerie
250 ml / 8 fl oz / 1 Tasse Hühnerbrühe
2,5 ml / ½ TL Salz
5 ml / 1 Teelöffel Sesamöl
1 Tomate, in Scheiben geschnitten

Legen Sie die Ente auf einen Dampfgarer. Den Sellerie in 7,5 cm lange Stücke schneiden und in eine Pfanne geben. Mit der Brühe aufgießen, mit Salz würzen und den Dampfgarer über die Pfanne stellen. Die Brühe zum Kochen bringen und dann etwa 15 Minuten köcheln lassen, bis der Sellerie weich und die Ente durchgewärmt ist. Ente und Sellerie auf einem vorgewärmten Teller anrichten, Sellerie mit Sesamöl beträufeln und mit Tomatenscheiben garniert servieren.

Ente mit Ingwer

für 4 Personen

350 g Entenbrust, in dünne Scheiben geschnitten

1 Ei, leicht geschlagen

5 ml/1 Teelöffel Sojasauce

5 ml / 1 Teelöffel Maismehl (Maisstärke)

5 ml/1 Teelöffel Erdnussöl

Frittieröl

50 g Bambussprossen

50 g Zuckerschoten

2 Scheiben Ingwerwurzel, gehackt

15 ml/1 Esslöffel Wasser

2,5 ml / ½ TL Zucker

2,5 ml / ½ Teelöffel Reiswein oder trockener Sherry

2,5 ml / ½ TL Sesamöl

Die Ente mit Ei, Sojasauce, Maisstärke und Öl vermischen und 10 Minuten ruhen lassen. Erhitzen Sie das Öl und braten Sie die Ente und die Bambussprossen an, bis sie gar und goldbraun sind. Aus der Pfanne nehmen und gut abtropfen lassen. Gießen Sie alles bis auf 15 ml/1 EL Öl aus der Pfanne hinein und braten Sie die Ente, Bambussprossen, Zuckerschoten, Ingwer, Wasser,

Zucker und Wein oder Sherry 2 Minuten lang an. Es wird mit Sesamöl bestreut serviert.

Ente mit grünen Bohnen

für 4 Personen

1 Ente

60 ml / 4 Esslöffel Erdnussöl

2 gehackte Knoblauchzehen

2,5 ml / ½ TL Salz

1 gehackte Zwiebel

15 ml / 1 Esslöffel geriebene Ingwerwurzel

45 ml / 3 Esslöffel Sojasauce

120 ml / 4 fl oz / ½ Tasse Reiswein oder trockener Sherry

60 ml / 4 Esslöffel Tomatensauce (Ketchup)

45 ml / 3 Esslöffel Weinessig

300 ml / ½ pt / 1 ¼ Tassen Hühnersuppe

1 Kilogramm / 450 g grüne Bohnen, in Scheiben geschnitten

frisch gemahlenes Pfefferpulver

5 Tropfen Chiliöl

15 ml / 1 Esslöffel Maismehl (Maisstärke)

30 ml / 2 Esslöffel Wasser

Die Ente in 8-10 Stücke schneiden. Das Öl erhitzen und die Ente goldbraun braten. In eine Schüssel geben. Knoblauch, Salz, Zwiebel, Ingwer, Sojasauce, Wein oder Sherry, Tomatensauce und Weinessig hinzufügen. Mischen, abdecken und 3 Stunden im Kühlschrank marinieren.

Das Öl erneut erhitzen, die Ente, die Brühe und die Marinade hinzufügen, zum Kochen bringen und zugedeckt 1 Stunde köcheln lassen. Die Bohnen hinzufügen, abdecken und 15 Minuten köcheln lassen. Pfeffer und Chiliöl hinzufügen. Das Maismehl mit dem Wasser vermischen, in der Pfanne vermischen und bei schwacher Hitze unter Rühren kochen, bis die Soße eindickt.

gedämpfte Ente

für 4 Personen

1 Ente

Salz und frisch gemahlener Pfeffer

Frittieröl

Hoisin Soße

Die Ente mit Salz und Pfeffer würzen und in eine hitzebeständige Schüssel geben. In einen bis zu zwei Dritteln der Gefäßhöhe mit Wasser gefüllten Topf geben, zum Kochen bringen und zugedeckt ca. 1 1/2 Stunden köcheln lassen, bis die Ente weich ist. Abgießen und abkühlen lassen.

Das Öl erhitzen und die Ente knusprig und goldbraun braten. Herausnehmen und gut abtropfen lassen. In kleine Stücke schneiden und mit Hoisinsauce servieren.

Ente mit exotischen Früchten

für 4 Personen

4 Entenbrustfilets, in Streifen geschnitten
2,5 ml / ½ Teelöffel Fünf-Gewürze-Pulver
30 ml / 2 Esslöffel Sojasauce
15 ml/1 Esslöffel Sesamöl
15 ml / 1 Esslöffel Erdnussöl
3 Stangen Sellerie, gewürfelt
2 Ananasscheiben, gewürfelt
100 g Cantaloupe-Melone, gewürfelt
100 g Litschis, halbiert
130 ml / 4 fl oz / ½ Tasse Hühnerbrühe
30 ml / 2 EL Tomatenmark (Paste)
30 ml / 2 Esslöffel Hoisinsauce
10 ml / 2 Teelöffel Weinessig
brauner Puderzucker

Die Ente in eine Schüssel geben. Fünf-Gewürze-Pulver, Sojasauce und Sesamöl vermischen, über die Ente gießen und 2 Stunden marinieren, dabei gelegentlich umrühren. Das Öl erhitzen und die Ente 8 Minuten braten. Aus der Pfanne nehmen. Sellerie und Obst hinzufügen und 5 Minuten braten. Die Ente mit den restlichen Zutaten wieder in die Pfanne geben, zum Kochen bringen und vor dem Servieren unter Rühren 2 Minuten kochen lassen.

Geschmorte Ente mit chinesischen Blättern

für 4 Personen

1 Ente

30 ml / 2 Esslöffel Reiswein oder trockener Sherry

30 ml / 2 Esslöffel Hoisinsauce

15 ml / 1 Esslöffel Maismehl (Maisstärke)

5 ml/1 Teelöffel Salz

5 ml/1 Teelöffel Zucker

60 ml / 4 Esslöffel Erdnussöl

4 Tees, gehackt

2 gehackte Knoblauchzehen

1 Scheibe Ingwerwurzel, gehackt

75 ml / 5 Esslöffel Sojasauce

600 ml / 1 pt / 2½ Tassen Wasser

8 oz / 225 g chinesische Blätter, gehackt

Die Ente in etwa 6 Stücke schneiden. Wein oder Sherry, Hoisinsauce, Maisstärke, Salz und Zucker einrühren und die Ente einreiben. Lassen Sie es 1 Stunde lang stehen. Das Öl erhitzen und die Frühlingszwiebeln, den Knoblauch und den Ingwer einige Sekunden anbraten. Die Ente dazugeben und von allen Seiten leicht goldbraun braten. Überschüssiges Fett abtropfen lassen. Sojasauce und Wasser angießen, zum Kochen bringen und zugedeckt etwa 30 Minuten köcheln lassen. Die chinesischen Blätter dazugeben, erneut abdecken und weitere 30 Minuten köcheln lassen, bis die Ente zart ist.

betrunkene Ente

für 4 Personen

2 Tees, gehackt

2 gehackte Knoblauchzehen

1,5 l / 2½ Punkte / 6 Tassen Wasser

1 Ente

450 ml / ¾ pt / 2 Tassen Reiswein oder trockener Sherry

Schnittlauch, Knoblauch und Wasser in einen großen Topf geben und zum Kochen bringen. Die Ente dazugeben, zum Kochen bringen, abdecken und 45 Minuten köcheln lassen. Gut abtropfen lassen, dabei die Flüssigkeit für die Brühe auffangen. Lassen Sie die Ente abkühlen und stellen Sie sie dann über Nacht in den Kühlschrank. Die Ente in Stücke schneiden und in ein großes Glas mit Schraubverschluss geben. Mit Wein oder Sherry übergießen und etwa eine Woche kalt stellen, bevor es abgeseiht und gekühlt serviert wird.

Ente mit fünf Gewürzen

für 4 Personen

150 ml / ¼ pt / großzügige ½ Tasse Reiswein oder trockener Sherry

150 ml / ¼ pt / ½ Tasse großzügige Sojasauce

1 Ente

10 ml / 2 Teelöffel Fünf-Gewürze-Pulver

Wein oder Sherry und Sojasauce zum Kochen bringen. Die Ente dazugeben und unter Wenden etwa 5 Minuten garen. Die Ente aus der Pfanne nehmen und die Haut mit dem Fünf-Gewürze-Pulver einreiben. Legen Sie den Vogel wieder in die Pfanne und fügen Sie so viel Wasser hinzu, dass die Ente zur Hälfte bedeckt ist. Zum Kochen bringen, abdecken und etwa 1 1/2 Stunden köcheln lassen, bis die Ente weich ist, dabei häufig wenden und begießen. Die Ente in 5 cm große bzw. 2 Stücke schneiden und warm oder kalt servieren.

Gebratene Ente mit Ingwer

für 4 Personen

1 Ente

2 Scheiben Ingwerwurzel, gerieben

2 Tees, gehackt

15 ml / 1 Esslöffel Maismehl (Maisstärke)

30 ml / 2 Esslöffel Sojasauce

30 ml / 2 Esslöffel Reiswein oder trockener Sherry

2,5 ml / ½ TL Salz

45 ml / 3 Esslöffel Erdnussöl (Erdnüsse)

Das Fleisch von den Knochen lösen und in Stücke schneiden. Das Fleisch mit allen restlichen Zutaten außer dem Öl vermischen. Lassen Sie es 1 Stunde lang stehen. Das Öl erhitzen und die Ente in der Marinade etwa 15 Minuten braten, bis die Ente zart ist.

Ente mit Schinken und Lauch

für 4 Personen

1 Ente

450 g / 1 kg geräucherter Schinken

2 Lauch

2 Scheiben Ingwerwurzel, gehackt

45 ml / 3 Esslöffel Reiswein oder trockener Sherry

45 ml / 3 Esslöffel Sojasauce

2,5 ml / ½ TL Salz

Die Ente in eine Pfanne geben und mit kaltem Wasser bedecken. Zum Kochen bringen, abdecken und etwa 20 Minuten köcheln lassen. Abgießen und 450 ml / ¾ Punkte / 2 Tassen Brühe auffangen. Die Ente etwas abkühlen lassen, dann das Fleisch von den Knochen lösen und in 5 cm große Quadrate schneiden. Den Schinken in gleich große Stücke schneiden. Schneiden Sie lange Lauchstücke ab, rollen Sie eine Scheibe Ente und Schinken in das Blech und binden Sie es mit Bindfaden zusammen. In einen hitzebeständigen Behälter geben. Ingwer, Wein oder Sherry, Sojasauce und Salz zur reservierten Brühe hinzufügen und über die Entenröllchen gießen. Stellen Sie die Schüssel in einen mit Wasser gefüllten Topf, bis dieser zu zwei Dritteln über den

Schüsselrand reicht. Zum Kochen bringen, abdecken und etwa 1 Stunde köcheln lassen, bis die Ente weich ist.

Entenbraten mit Honig

für 4 Personen

1 Ente
Salz
3 Knoblauchzehen, gehackt
3 Tees, gehackt
45 ml / 3 Esslöffel Sojasauce
45 ml / 3 Esslöffel Reiswein oder trockener Sherry
45 ml / 3 Löffel Honig
200 ml / 7 fl oz / knapp 1 Tasse kochendes Wasser

Die Ente trocken tupfen und innen und außen mit Salz einreiben. Knoblauch, Frühlingszwiebeln, Sojasauce und Wein oder Sherry unterrühren und die Mischung dann halbieren. Den Honig halbieren, die Ente damit einreiben und trocknen lassen. Fügen Sie der restlichen Honigmischung Wasser hinzu. Gießen Sie die Sojasaucenmischung in die Entenhöhle und legen Sie sie auf einen Rost in eine Pfanne mit etwas Wasser am Boden. Im vorgeheizten Ofen bei 180 °C/350 °F/Gasstufe 4 ca. 2 Stunden rösten, bis die Ente zart ist, dabei während des Garens mit der restlichen Honigmischung bestreichen.

saftige gebratene Ente

für 4 Personen

6 Frühlingszwiebeln (Zwiebeln), gehackt

2 Scheiben Ingwerwurzel, gehackt

1 Ente

2,5 ml / ½ TL gemahlener Anis

15 ml / 1 Löffel Zucker

45 ml / 3 Esslöffel Reiswein oder trockener Sherry

60 ml / 4 Esslöffel Sojasauce

250 ml / 8 fl oz / 1 Tasse Wasser

Geben Sie die Hälfte des Tees und des Ingwers in eine große Pfanne mit schwerem Boden. Den Rest in die Entenmulde geben und in die Pfanne geben. Alle restlichen Zutaten bis auf die Hoisinsauce hinzufügen, zum Kochen bringen, abdecken und etwa 1 1/2 Stunden köcheln lassen, dabei gelegentlich wenden. Die Ente aus der Pfanne nehmen und etwa 4 Stunden trocknen lassen.

Die Ente auf einem Rost in einen mit etwas kaltem Wasser gefüllten Topf legen. Im vorgeheizten Backofen bei 230 °C/450 °F/Gas 8 15 Minuten rösten, dann umdrehen und weitere 10

Minuten knusprig rösten. In der Zwischenzeit die zurückbehaltene Flüssigkeit erneut erhitzen und zum Servieren über die Ente gießen.

Sautierte Ente mit Pilzen

für 4 Personen

1 Ente

75 ml / 5 Esslöffel Erdnussöl (Erdnüsse)

45 ml / 3 Esslöffel Reiswein oder trockener Sherry

15 ml/1 Esslöffel Sojasauce

15 ml / 1 Löffel Zucker

5 ml/1 Teelöffel Salz

Pfefferpulver

2 gehackte Knoblauchzehen

225 g Champignons, halbiert

600 ml / 1 pt / 2½ Tassen Hühnerbrühe

15 ml / 1 Esslöffel Maismehl (Maisstärke)

30 ml / 2 Esslöffel Wasser

5 ml/1 Teelöffel Sesamöl

Die Ente in 5 cm große / 2 Stücke schneiden, 45 ml / 3 Esslöffel Öl erhitzen und die Ente von allen Seiten leicht goldbraun braten. Wein oder Sherry, Sojasauce, Zucker, Salz und Pfeffer hinzufügen und 4 Minuten kochen lassen. Aus der Pfanne nehmen. Das restliche Öl erhitzen und den Knoblauch anbraten, bis er leicht goldbraun wird. Die Pilze dazugeben und schwenken, bis sie mit Öl bedeckt sind. Dann die Entenmischung wieder in die Pfanne geben und die Brühe hinzufügen. Zum Kochen bringen, abdecken und etwa 1 Stunde köcheln lassen, bis die Ente weich ist. Maismehl und Wasser zu einer Paste vermischen, dann in die Mischung einrühren und unter Rühren kochen, bis die Soße eindickt. Mit Sesamöl beträufeln und servieren.

Ente mit zwei Pilzen

für 4 Personen

6 getrocknete chinesische Pilze

1 Ente

750 ml / 1¼ Punkte / 3 Tassen Hühnerbrühe

45 ml / 3 Esslöffel Reiswein oder trockener Sherry

5 ml/1 Teelöffel Salz

100 g Bambussprossen, in Streifen geschnitten

100 g / 4 oz Pilze

Die Pilze 30 Minuten in lauwarmem Wasser einweichen, dann abtropfen lassen. Die Stiele entfernen und die Spitzen halbieren. Legen Sie die Ente mit der Brühe, dem Wein oder Sherry und dem Salz in eine große hitzebeständige Schüssel und stellen Sie sie in einen mit Wasser gefüllten Topf, sodass sie zu zwei Dritteln über den Topfrand reicht. Zum Kochen bringen, abdecken und etwa 2 Stunden köcheln lassen, bis die Ente weich ist. Aus der Pfanne nehmen und das Fleisch vom Knochen schneiden. Übertragen Sie die Kochflüssigkeit in einen separaten Topf. Legen Sie die Bambussprossen und beide Pilzsorten auf den Boden des Dampfgarers, legen Sie das Entenfleisch zurück und dämpfen Sie es zugedeckt weitere 30 Minuten lang. Die

Kochflüssigkeit zum Kochen bringen und zum Servieren über die Ente gießen.

Geschmorte Ente mit Zwiebeln

für 4 Personen

4 getrocknete chinesische Pilze

1 Ente

90 ml / 6 Esslöffel Sojasauce

60 ml / 4 Esslöffel Erdnussöl

1 Frühlingszwiebel (Zwiebel), gehackt

1 Scheibe Ingwerwurzel, gehackt

45 ml / 3 Esslöffel Reiswein oder trockener Sherry

1 Kilogramm / 450 g Zwiebel, in Scheiben geschnitten

100 g Bambussprossen, in Scheiben geschnitten

15 ml/1 Esslöffel brauner Zucker

15 ml / 1 Esslöffel Maismehl (Maisstärke)

45 ml / 3 Esslöffel Wasser

Die Pilze 30 Minuten in lauwarmem Wasser einweichen, dann abtropfen lassen. Die Stiele entfernen und die Spitzen abschneiden. 15 ml / 1 EL Sojasauce in die Ente einpinseln. Reservieren Sie 15 ml/1 EL Öl, erhitzen Sie das restliche Öl und braten Sie die Frühlingszwiebeln und den Ingwer an, bis sie leicht goldbraun sind. Die Ente dazugeben und von allen Seiten leicht goldbraun braten. Entfernt überschüssiges Fett. Den Wein oder Sherry, die restliche Sojasauce in der Pfanne und so viel Wasser hinzufügen, dass die Ente fast bedeckt ist. Zum Kochen bringen, abdecken und 1 Stunde köcheln lassen, dabei gelegentlich wenden.

Erhitzen Sie das beiseite gestellte Öl und braten Sie die Zwiebel an, bis sie weich ist. Vom Herd nehmen und die Bambussprossen und Pilze hinzufügen, dann zur Ente geben, abdecken und weitere 30 Minuten köcheln lassen, bis die Ente weich ist. Die Ente aus der Pfanne nehmen, in Stücke schneiden und auf einen heißen Servierteller legen. Die Flüssigkeit im Topf zum Kochen bringen, Zucker und Maisstärke hinzufügen und unter Rühren kochen, bis die Mischung kocht und eindickt. Zum Servieren über die Ente gießen.

Ente mit Orange

für 4 Personen

1 Ente
3 Frühlingszwiebeln (Zwiebeln), in Stücke geschnitten
2 Scheiben Ingwerwurzel, in Streifen schneiden
1 Scheibe Orangenschale
Salz und frisch gemahlener Pfeffer

Die Ente in einen großen Topf geben, mit Wasser bedecken und zum Kochen bringen. Frühlingszwiebeln, Ingwer und Orangenschale hinzufügen und zugedeckt etwa 1 1/2 Stunden köcheln lassen, bis die Ente weich ist. Mit Salz und Pfeffer würzen, abtropfen lassen und servieren.

gebratene Ente mit Orangen

für 4 Personen

1 Ente

2 Knoblauchzehen halbieren

45 ml / 3 Esslöffel Erdnussöl (Erdnüsse)

1 Zwiebel

1 Orange

120 ml / 4 fl oz / ½ Tasse Reiswein oder trockener Sherry

2 Scheiben Ingwerwurzel, gehackt

5 ml/1 Teelöffel Salz

Reiben Sie die Ente innen und außen mit dem Knoblauch ein und bestreichen Sie sie dann mit Öl. Die geschälte Zwiebel wird mit einer Gabel herausgesucht, zusammen mit der ungeschälten Orange in den Hohlraum der Ente gesteckt und mit einem Spieß verschlossen. Legen Sie die Ente auf einen Rost über einem mit etwas heißem Wasser gefüllten Blech und braten Sie sie im auf 160 °C/325 °F/Gas Stufe 3 vorgeheizten Ofen etwa 2 Stunden lang. Die Flüssigkeiten wegschütten und die Ente wieder in die Pfanne geben. Wein oder Sherry darübergießen und mit Ingwer und Salz bestreuen. Zurück in den Ofen für weitere 30 Minuten. Zwiebeln und Orangen wegwerfen und die Ente zum Servieren in Stücke schneiden. Zum Servieren den Bratensaft über die Ente gießen.

Ente mit Birne und Kastanien

für 4 Personen

225 g Kastanien, geschält
1 Ente
45 ml / 3 Esslöffel Erdnussöl (Erdnüsse)
250 ml / 8 fl oz / 1 Tasse Hühnerbrühe
45 ml / 3 Esslöffel Sojasauce
15 ml / 1 Esslöffel Reiswein oder trockener Sherry
5 ml/1 Teelöffel Salz
1 Scheibe Ingwerwurzel, gehackt
1 große Birne, geschält und in dicke Scheiben geschnitten
15 ml / 1 Löffel Zucker

Die Kastanien 15 Minuten kochen und abtropfen lassen. Die Ente in 5 cm große Stücke bzw. 2 Stücke schneiden, das Öl erhitzen und die Ente darin anbraten, bis sie von allen Seiten leicht goldbraun ist. Überschüssiges Öl abgießen, dann Brühe, Sojasauce, Wein oder Sherry, Salz und Ingwer hinzufügen. Zum Kochen bringen, abdecken und 25 Minuten köcheln lassen, dabei gelegentlich umrühren. Die Kastanien dazugeben und zugedeckt weitere 15 Minuten köcheln lassen. Die Birne mit Zucker bestäuben, in die Pfanne geben und etwa 5 Minuten kochen lassen, bis sie durchgeheizt ist.

Pekingente

für 6

1 Ente
250 ml / 8 fl oz / 1 Tasse Wasser
120 ml / 4 fl oz / ½ Tasse Honig
120 ml / 4 fl oz / ½ Tasse Sesamöl
Für Pfannkuchen:
250 ml / 8 fl oz / 1 Tasse Wasser
225 g / 8 oz / 2 Tassen einfaches Mehl (Allzweckmehl)
Erdnussöl zum Braten

Für Soßen:

120 ml / 4 fl oz / ½ Tasse Hoisinsauce
30 ml / 2 Esslöffel brauner Zucker
30 ml / 2 Esslöffel Sojasauce
5 ml/1 Teelöffel Sesamöl
6 Frühlingszwiebeln (Frühlingszwiebeln), längs geschnitten
1 Gurke in Streifen schneiden

Die Ente muss ganz sein und die Haut muss intakt sein. Binden Sie den Hals mit Bindfaden fest und nähen oder befestigen Sie die untere Öffnung. Schneiden Sie einen kleinen Schlitz seitlich in den Hals, stecken Sie einen Strohhalm hinein und blasen Sie Luft unter die Haut, bis sie anschwillt. Hängen Sie die Ente über eine Schüssel und lassen Sie sie 1 Stunde ruhen.

Einen Topf mit Wasser zum Kochen bringen, die Ente dazugeben und 1 Minute kochen lassen, dann herausnehmen und gut trocknen. Bringen Sie das Wasser zum Kochen und fügen Sie den Honig hinzu. Reiben Sie die Mischung über die Entenhaut, bis sie gesättigt ist. Hängen Sie die Ente etwa 8 Stunden lang über einem Behälter an einen kühlen, luftigen Ort, bis die Haut fest ist.

Hängen Sie die Ente auf oder legen Sie sie auf einen Rost über einer Pfanne und braten Sie sie im auf 180 °C/350 °F/Gas Stufe 4 vorgeheizten Ofen etwa 1½ Stunden lang, wobei Sie sie regelmäßig mit Sesamöl beträufeln.

Für die Pfannkuchen das Wasser zum Kochen bringen und dann nach und nach das Mehl hinzufügen. Vorsichtig kneten, bis der Teig weich ist, mit einem feuchten Tuch abdecken und 15 Minuten ruhen lassen. Auf einer bemehlten Fläche verteilen und zu einem länglichen Zylinder formen. In 2,5 cm dicke Scheiben schneiden, dann auf etwa 5 mm Dicke flach drücken und die Oberseite mit Öl bestreichen. Paarweise so stapeln, dass sich die geölten Oberflächen berühren, und die Außenseite leicht mit Mehl bestäuben. Rollen Sie die Paare auf eine Breite von etwa 10 cm aus und braten Sie sie paarweise auf jeder Seite etwa 1 Minute lang, bis sie leicht goldbraun sind. Bis zum Servieren trennen und stapeln.

Bereiten Sie die Saucen vor, indem Sie die Hälfte der Hoisinsauce mit dem Zucker und den Rest der Hoisinsauce mit der Sojasauce und dem Sesamöl vermischen.

Die Ente aus dem Ofen nehmen, die Haut abschneiden und in Quadrate schneiden, das Fleisch in Würfel schneiden. Auf separaten Tellern anrichten und mit Pfannkuchen, Saucen und Beilagen servieren.

Geschmorte Ente mit Ananas

für 4 Personen

1 Ente

400 g / 14 oz Ananasstücke aus der Dose in Sirup

45 ml / 3 Esslöffel Sojasauce

5 ml/1 Teelöffel Salz

frisch gemahlenes Pfefferpulver

Legen Sie die Ente in eine Pfanne mit schwerem Boden, bedecken Sie sie mit gerade genug Wasser, bringen Sie sie zum Kochen und lassen Sie sie dann zugedeckt 1 Stunde köcheln. Den Ananassirup mit der Sojasauce, Salz und Pfeffer in die Pfanne geben, abdecken und weitere 30 Minuten köcheln lassen. Die Ananasstücke dazugeben und weitere 15 Minuten köcheln lassen, bis die Ente zart ist.

Sautierte Ente mit Ananas

für 4 Personen

1 Ente

45 ml / 3 Esslöffel Maismehl (Maisstärke)

45 ml / 3 Esslöffel Sojasauce

225 g / 8 oz Dosenananas in Sirup

45 ml / 3 Esslöffel Erdnussöl (Erdnüsse)

2 Scheiben Ingwerwurzel, in Streifen schneiden

15 ml / 1 Esslöffel Reiswein oder trockener Sherry

5 ml/1 Teelöffel Salz

Das Fleisch vom Knochen lösen und in Stücke schneiden. Die Sojasauce mit 30 ml / 2 EL Speisestärke verrühren und unter die Ente mischen, bis sie gut bedeckt ist. 1 Stunde stehen lassen, dabei gelegentlich umrühren. Ananas und Sirup zerdrücken und in einer Pfanne vorsichtig erhitzen. Das restliche Maismehl mit etwas Wasser vermischen, in der Pfanne verrühren und unter Rühren köcheln lassen, bis die Soße eindickt. Warm bleiben. Das Öl erhitzen und den Ingwer anbraten, bis er leicht goldbraun ist, dann den Ingwer wegwerfen. Die Ente dazugeben und von allen Seiten leicht goldbraun braten. Wein oder Sherry und Salz hinzufügen und noch ein paar Minuten braten, bis die Ente gar ist. Die Ente auf einem vorgewärmten Teller anrichten, mit der Soße übergießen und sofort servieren.

Ananas-Ingwer-Ente

für 4 Personen

1 Ente
100 g / 4 oz Ingwer in Sirup eingelegt
200 g Ananasstücke aus der Dose in Sirup
5 ml/1 Teelöffel Salz
15 ml / 1 Esslöffel Maismehl (Maisstärke)
30 ml / 2 Esslöffel Wasser

Ordnen Sie die Ente in einer ofenfesten Schüssel an und stellen Sie sie in einen mit Wasser gefüllten Topf, bis sie zu zwei Dritteln über den Schüsselrand reicht. Zum Kochen bringen, abdecken und etwa 2 Stunden köcheln lassen, bis die Ente weich ist. Die Ente herausnehmen und etwas abkühlen lassen. Haut und Knochen entfernen und die Ente in Stücke schneiden. Auf einer Servierplatte anrichten und warm halten.

Ingwer und Ananassirup in einer Pfanne abtropfen lassen, Salz, Öl und Wasser hinzufügen. Unter Rühren zum Kochen bringen und einige Minuten unter Rühren kochen, bis die Sauce dünner und dicker wird. Ingwer und Ananas dazugeben, vermischen und zum Servieren über die Ente gießen.

Ente mit Ananas und Litschi

für 4 Personen

4 Entenbrüste

15 ml/1 Esslöffel Sojasauce

1 Sternanis-Zehe

1 Scheibe Ingwerwurzel

Erdnussöl zum Braten

90 ml / 6 Esslöffel Weinessig

100 g / 4 oz / ½ Tasse brauner Zucker

250 ml / 8 fl oz / ½ Tasse Hühnerbrühe

15 ml / 1 Löffel Tomatensauce (Ketchup)

200 g Ananasstücke aus der Dose in Sirup

15 ml / 1 Esslöffel Maismehl (Maisstärke)

6 Dosen Litschis

6 Maraschino-Kirschen

Enten, Sojasauce, Anis und Ingwer in einen Topf geben und mit kaltem Wasser bedecken. Zum Kochen bringen, entfetten, dann zugedeckt etwa 45 Minuten köcheln lassen, bis die Ente gar ist. Abtropfen lassen und trocknen. Im heißen Öl knusprig braten.

In der Zwischenzeit Weinessig, Zucker, Brühe, Tomatensauce und 30 ml/2 EL Ananassirup in einen Topf geben, aufkochen und etwa 5 Minuten köcheln lassen, bis die Flüssigkeit eingedickt ist.

Fügen Sie die Früchte hinzu und erhitzen Sie sie, bevor Sie sie zum Servieren über die Ente gießen.

Ente mit Schweinefleisch und Kastanien

für 4 Personen

6 getrocknete chinesische Pilze
1 Ente
225 g Kastanien, geschält
225 g gewürfeltes mageres Schweinefleisch
3 Tees, gehackt
1 Scheibe Ingwerwurzel, gehackt
250 ml / 8 fl oz / 1 Tasse Sojasauce
900 ml / 1½ Punkte / 3¾ Tassen Wasser

Die Pilze 30 Minuten in lauwarmem Wasser einweichen, dann abtropfen lassen. Die Stiele entfernen und die Spitzen abschneiden. Mit allen restlichen Zutaten in einen großen Topf geben, zum Kochen bringen, abdecken und etwa 1 1/2 Stunden köcheln lassen, bis die Ente gar ist.

Ente mit Kartoffeln

für 4 Personen

75 ml / 5 Esslöffel Erdnussöl (Erdnüsse)

1 Ente

3 Knoblauchzehen, gehackt

30 ml / 2 Esslöffel schwarze Bohnensauce

10 ml / 2 Teelöffel Salz

1,2 l / 2 Punkte / 5 Tassen Wasser

2 Lauch, in dicke Scheiben geschnitten

15 ml / 1 Löffel Zucker

45 ml / 3 Esslöffel Sojasauce

60 ml / 4 Esslöffel Reiswein oder trockener Sherry

1 Sternanis-Zehe

900 g Kartoffeln, in dicke Scheiben geschnitten

½ Kopf chinesischer Blätter

15 ml / 1 Esslöffel Maismehl (Maisstärke)

30 ml / 2 Esslöffel Wasser

Zweige glatte Petersilie

60 ml / 4 EL Öl erhitzen und die Ente darin von allen Seiten braun anbraten. Binden oder nähen Sie das Ende des Halses zusammen und legen Sie die Ente mit dem Hals nach unten in eine tiefe Schüssel. Das restliche Öl erhitzen und den Knoblauch

anbraten, bis er leicht goldbraun wird. Fügen Sie die schwarze Bohnensauce und Salz hinzu und braten Sie es 1 Minute lang an. Wasser, Lauch, Zucker, Sojasauce, Wein oder Sherry und Sternanis hinzufügen und zum Kochen bringen. Gießen Sie 120 ml / 8 fl oz / 1 Tasse der Mischung in die Entenhöhle und binden oder nähen Sie sie fest. Den Rest der Mischung in der Pfanne zum Kochen bringen. Ente und Kartoffeln dazugeben, abdecken und 40 Minuten köcheln lassen, dabei die Ente einmal wenden. Ordnen Sie die chinesischen Blätter auf einem Servierteller an. Die Ente aus der Pfanne nehmen, in 5 cm große Stücke schneiden und mit den Kartoffeln auf den Servierteller legen.

Rote gekochte Ente

für 4 Personen

1 Ente

4 Frühlingszwiebeln (Zwiebeln), in Stücke geschnitten

2 Scheiben Ingwerwurzel, in Streifen schneiden

90 ml / 6 Esslöffel Sojasauce

45 ml / 3 Esslöffel Reiswein oder trockener Sherry

10 ml / 2 Teelöffel Salz

10 ml / 2 Teelöffel Zucker

Die Ente in einen schweren Topf geben, mit Wasser bedecken und zum Kochen bringen. Schnittlauch, Ingwer, Wein oder Sherry und Salz hinzufügen, abdecken und etwa 1 Stunde köcheln lassen. Den Zucker hinzufügen und weitere 45 Minuten köcheln lassen, bis die Ente zart ist. Die Ente auf einem Servierteller anrichten und warm oder kalt servieren, mit oder ohne Soße.

Gebratene Ente mit Reiswein

für 4 Personen

1 Ente

500 ml / 14 fl oz / 1¾ Tassen Reiswein oder trockener Sherry

5 ml/1 Teelöffel Salz

45 ml / 3 Esslöffel Sojasauce

Die Ente mit Sherry und Salz in eine schwere Pfanne geben, zum Kochen bringen, abdecken und 20 Minuten köcheln lassen. Die Ente abtropfen lassen, dabei die Flüssigkeit auffangen und mit Sojasauce einreiben. Auf einen Rost in einer mit etwas heißem Wasser gefüllten Pfanne legen und im auf 180 °C / 350 °F / Gas Stufe 4 vorgeheizten Ofen etwa 1 Stunde rösten, dabei regelmäßig mit der zurückbehaltenen Weinflüssigkeit begießen.

Gedämpfte Ente mit Reiswein

für 4 Personen

1 Ente
4 Tee(kannen), halbiert
1 Scheibe Ingwerwurzel, gehackt
250 ml / 8 fl oz / 1 Tasse Reiswein oder trockener Sherry
30 ml / 2 Esslöffel Sojasauce
Prise Salz

Die Ente 5 Minuten in kochendem Wasser kochen und abtropfen lassen. Mit den restlichen Zutaten in eine hitzebeständige Schüssel geben. Stellen Sie die Schüssel in einen mit Wasser gefüllten Topf, bis dieser zu zwei Dritteln über den Schüsselrand reicht. Zum Kochen bringen, abdecken und etwa 2 Stunden köcheln lassen, bis die Ente weich ist. Schnittlauch und Ingwer vor dem Servieren wegwerfen.

gesalzene Ente

für 4 Personen

45 ml / 3 Esslöffel Erdnussöl (Erdnüsse)

4 Entenbrüste

3 Frühlingszwiebeln (Zwiebeln), in Scheiben geschnitten

2 gehackte Knoblauchzehen

1 Scheibe Ingwerwurzel, gehackt

250 ml / 8 fl oz / 1 Tasse Sojasauce

30 ml / 2 Esslöffel Reiswein oder trockener Sherry

30 ml / 2 Esslöffel brauner Zucker

5 ml/1 Teelöffel Salz

450 ml / ¾ pt / 2 Tassen Wasser

15 ml / 1 Esslöffel Maismehl (Maisstärke)

Das Öl erhitzen und die Entenbrust goldbraun braten. Schnittlauch, Knoblauch und Ingwer hinzufügen und 2 Minuten braten. Sojasauce, Wein oder Sherry, Zucker und Salz hinzufügen und gut vermischen. Wasser hinzufügen, zum Kochen bringen, abdecken und etwa 1 1/2 Stunden köcheln lassen, bis das Fleisch sehr zart ist. Das Maismehl wird mit etwas Wasser vermischt, dann in die Pfanne gegeben und unter Rühren köcheln lassen, bis die Soße eindickt.

Gesalzene Ente mit grünen Bohnen

für 4 Personen

45 ml / 3 Esslöffel Erdnussöl (Erdnüsse)

4 Entenbrüste

3 Frühlingszwiebeln (Zwiebeln), in Scheiben geschnitten

2 gehackte Knoblauchzehen

1 Scheibe Ingwerwurzel, gehackt

250 ml / 8 fl oz / 1 Tasse Sojasauce

30 ml / 2 Esslöffel Reiswein oder trockener Sherry

30 ml / 2 Esslöffel brauner Zucker

5 ml / 1 Teelöffel Salz

450 ml / ¾ pt / 2 Tassen Wasser

225 g grüne Bohnen

15 ml / 1 Esslöffel Maismehl (Maisstärke)

Das Öl erhitzen und die Entenbrust goldbraun braten. Schnittlauch, Knoblauch und Ingwer hinzufügen und 2 Minuten braten. Sojasauce, Wein oder Sherry, Zucker und Salz hinzufügen und gut vermischen. Wasser hinzufügen, aufkochen, abdecken und ca. 45 Minuten köcheln lassen. Die Bohnen hinzufügen, abdecken und weitere 20 Minuten köcheln lassen. Das Maismehl wird mit etwas Wasser vermischt, dann in die

Pfanne gegeben und unter Rühren köcheln lassen, bis die Soße eindickt.

langsam gekochte Ente

für 4 Personen

1 Ente

50 g / 2 oz / ½ Tasse Maismehl (Maisstärke)

Frittieröl

2 gehackte Knoblauchzehen

30 ml / 2 Esslöffel Reiswein oder trockener Sherry

30 ml / 2 Esslöffel Sojasauce

5 ml / 1 Teelöffel geriebene Ingwerwurzel

750 ml / 1¼ Punkte / 3 Tassen Hühnerbrühe

4 getrocknete chinesische Pilze

225 g Bambussprossen, in Scheiben geschnitten

225 g Wasserkastanien, in Scheiben geschnitten

10 ml / 2 Teelöffel Zucker

Pfefferpulver

5 Frühlingszwiebeln (Zwiebeln), in Scheiben geschnitten

Die Ente in kleine Stücke schneiden. 30 ml / 2 EL Maismehl aufbewahren und die Ente mit dem restlichen Maismehl bestreichen. Überschüssigen Staub entfernen. Das Öl erhitzen und den Knoblauch und die Ente darin anbraten, bis sie leicht goldbraun sind. Aus der Pfanne nehmen und auf Küchenpapier abtropfen lassen. Die Ente in eine große Pfanne geben. Wein oder Sherry, 15 ml/1 EL Sojasauce und Ingwer hinzufügen. In die Pfanne geben und bei starker Hitze 2 Minuten kochen lassen. Die Hälfte der Brühe hinzufügen, aufkochen lassen und zugedeckt ca. 1 Stunde köcheln lassen, bis die Ente weich ist.

In der Zwischenzeit die Pilze 30 Minuten in warmem Wasser einweichen und dann abtropfen lassen. Die Stiele entfernen und die Spitzen abschneiden. Pilze, Bambussprossen und Wasserkastanien zur Ente geben und unter häufigem Rühren 5 Minuten kochen lassen. Entfernen Sie das Fett aus der Flüssigkeit. Restliche Brühe, Maismehl und Sojasauce mit Zucker und Pfeffer vermischen und in die Pfanne rühren. Unter Rühren zum Kochen bringen und dann etwa 5 Minuten köcheln lassen, bis die Sauce eindickt. In eine heiße Servierschüssel geben und mit Schnittlauch garniert servieren.

Entenfrau

für 4 Personen

1 Eiweiß, leicht geschlagen

20 ml / 1½ EL Maismehl (Maisstärke)

Salz

450 g Entenbrust, in dünne Scheiben geschnitten

45 ml / 3 Esslöffel Erdnussöl (Erdnüsse)

2 Frühlingszwiebeln (Frühlingszwiebeln), in Streifen geschnitten

1 grüne Paprika, in Streifen geschnitten

5 ml / 1 TL Reiswein oder trockener Sherry

75 ml / 5 EL Hühnerbrühe

2,5 ml / ½ TL Zucker

Das Eiweiß mit 15 ml/1 Esslöffel Speisestärke und einer Prise Salz verquirlen. Die in Scheiben geschnittene Ente dazugeben und schwenken, bis die Ente bedeckt ist. Erhitzen Sie das Öl und braten Sie die Ente, bis sie gut gegart und goldbraun ist. Nehmen Sie die Ente aus der Pfanne und lassen Sie das Öl bis auf 30 ml bzw. 2 EL abtropfen. Frühlingszwiebel und Paprika dazugeben und 3 Minuten braten. Wein oder Sherry, Brühe und Zucker hinzufügen und zum Kochen bringen. Das restliche Maismehl mit etwas Wasser vermischen, in die Soße einrühren und unter

Rühren kochen, bis die Soße eindickt. Die Ente dazugeben, erhitzen und servieren.

Ente mit Süßkartoffeln

für 4 Personen

1 Ente
250 ml / 8 fl oz / 1 Tasse Erdnussöl (Erdnüsse)
225 g Süßkartoffeln, geschält und gewürfelt
2 gehackte Knoblauchzehen
1 Scheibe Ingwerwurzel, gehackt
2,5 ml / ½ Teelöffel Zimt
2,5 ml / ½ Teelöffel gemahlene Nelken
eine Prise gemahlener Anis
5 ml/1 Teelöffel Zucker
15 ml/1 Esslöffel Sojasauce
250 ml / 8 fl oz / 1 Tasse Hühnerbrühe
15 ml / 1 Esslöffel Maismehl (Maisstärke)
30 ml / 2 Esslöffel Wasser

Die Ente in 5 cm große Stücke bzw. 2 Stücke schneiden, das Öl erhitzen und die Kartoffeln darin braun braten. Aus der Pfanne nehmen und alles bis auf 30 ml bzw. 2 EL Öl abtropfen lassen. Knoblauch und Ingwer dazugeben und 30 Sekunden braten. Die Ente dazugeben und von allen Seiten leicht goldbraun braten.

Gewürze, Zucker, Sojasauce und Brühe hinzufügen und zum Kochen bringen. Die Kartoffeln dazugeben, abdecken und etwa 20 Minuten köcheln lassen, bis die Ente weich ist. Das Maismehl mit dem Wasser zu einer Paste verrühren, dann in der Pfanne vermischen und unter Rühren kochen, bis die Soße eindickt.

süß-saure Ente

für 4 Personen

1 Ente

1,2 l / 2 Punkte / 5 Tassen Hühnerbrühe

2 Zwiebeln

2 Karotten

2 Knoblauchzehen, in Scheiben geschnitten

15 ml / 1 Esslöffel Gewürze zum Einlegen

10 ml / 2 Teelöffel Salz

10 ml / 2 Teelöffel Erdnussöl

6 Frühlingszwiebeln (Zwiebeln), gehackt

1 Mango, geschält und gewürfelt

12 Litschis, halbiert

15 ml / 1 Esslöffel Maismehl (Maisstärke)

15 ml/1 Esslöffel Weinessig

10 ml / 2 Teelöffel Tomatenpüree (Paste)

15 ml/1 Esslöffel Sojasauce

5 ml / 1 Teelöffel Fünf-Gewürze-Pulver

300 ml / ½ pt / 1¼ Tassen Hühnersuppe

Legen Sie die Ente in einen Dampfgarer über einer Pfanne mit Brühe, Zwiebeln, Karotten, Knoblauch, Gurken und Salz.

Abdecken und 2 1/2 Stunden dämpfen. Die Ente wird abgekühlt, abgedeckt und 6 Stunden lang abkühlen gelassen. Das Fleisch von den Knochen lösen und in Würfel schneiden. Das Öl erhitzen und die Ente und den Schnittlauch knusprig anbraten. Die restlichen Zutaten hinzufügen, zum Kochen bringen und unter Rühren 2 Minuten kochen lassen, bis die Sauce eindickt.

Mandarinente

für 4 Personen

1 Ente

60 ml / 4 Esslöffel Erdnussöl

1 Stück getrocknete Mandarinenschale

900 ml / 1½ Punkte / 3¾ Tassen Hühnerbrühe

5 ml/1 Teelöffel Salz

Hängen Sie die Ente 2 Stunden lang zum Trocknen auf. Die Hälfte des Öls erhitzen und die Ente darin anbraten, bis sie leicht goldbraun wird. In eine große hitzebeständige Schüssel umfüllen. Das restliche Öl erhitzen, die Mandarinenschale 2 Minuten anbraten und dann in die Ente legen. Die Brühe über die Ente gießen und mit Salz würzen. Stellen Sie das Gericht auf einen Rost in einen Dampfgarer, decken Sie es ab und dämpfen Sie es etwa 2 Stunden lang, bis die Ente zart ist.

Ente mit Gemüse

für 4 Personen

1 große Ente, in 16 Stücke geschnitten

Salz

300 ml / ½ pt / 1¼ Tassen Wasser

300 ml / ½ pt / 1¼ Tassen trockener Weißwein

120 ml / 4 fl oz / ½ Tasse Weinessig

45 ml / 3 Esslöffel Sojasauce

30 ml / 2 Esslöffel Pflaumensauce

30 ml / 2 Esslöffel Hoisinsauce

5 ml / 1 Teelöffel Fünf-Gewürze-Pulver

6 Frühlingszwiebeln (Zwiebeln), gehackt

2 gehackte Karotten

5 cm / 2 gehackte weiße Radieschen

50 g Pak Choi, gewürfelt

frisch gemahlener Pfeffer

5 ml/1 Teelöffel Zucker

Die Entenstücke in eine Schüssel geben, mit Salz bestreuen und Wasser und Wein hinzufügen. Weinessig, Sojasauce, Pflaumensauce, Hoisinsauce und Fünf-Gewürze-Pulver hinzufügen, aufkochen und zugedeckt ca. 1 Stunde köcheln lassen. Das Gemüse in die Pfanne geben, den Deckel abnehmen und weitere 10 Minuten kochen lassen. Mit Salz, Pfeffer und Zucker würzen und abkühlen lassen. Abdecken und über Nacht kühl stellen. Entfernen Sie das Fett und erhitzen Sie die Ente dann 20 Minuten lang in der Soße.

Sautierte Ente mit Gemüse

für 4 Personen

4 getrocknete chinesische Pilze
1 Ente
10 ml / 2 Teelöffel Maismehl (Maisstärke)
15 ml/1 Esslöffel Sojasauce
45 ml / 3 Esslöffel Erdnussöl (Erdnüsse)
100 g Bambussprossen, in Streifen geschnitten
50 g Wasserkastanien, in Streifen geschnitten
120 ml / 4 fl oz / ½ Tasse Hühnerbrühe
15 ml / 1 Esslöffel Reiswein oder trockener Sherry
5 ml/1 Teelöffel Salz

Die Pilze 30 Minuten in lauwarmem Wasser einweichen, dann abtropfen lassen. Die Stiele entfernen und die Spitzen abschneiden. Das Fleisch von den Knochen lösen und in Stücke schneiden. Maismehl und Sojasauce vermischen, zum Entenfleisch geben und 1 Stunde ruhen lassen. Das Öl erhitzen und die Ente von allen Seiten leicht goldbraun braten. Aus der Pfanne nehmen. Pilze, Bambussprossen und Wasserkastanien in die Pfanne geben und 3 Minuten kochen lassen. Brühe, Wein oder Sherry und Salz hinzufügen, aufkochen und 3 Minuten köcheln lassen. Geben Sie die Ente zurück in die Pfanne, decken

Sie sie ab und kochen Sie sie weitere 10 Minuten lang, bis die Ente zart ist.

Gekochte weiße Ente

für 4 Personen

1 Scheibe Ingwerwurzel, gehackt
250 ml / 8 fl oz / 1 Tasse Reiswein oder trockener Sherry
Salz und frisch gemahlener Pfeffer
1 Ente
3 Tees, gehackt
5 ml/1 Teelöffel Salz
100 g Bambussprossen, in Scheiben geschnitten
100 g geräucherter Schinken, in Scheiben geschnitten

Ingwer, 15 ml/1 EL Wein oder Sherry, etwas Salz und Pfeffer hinzufügen. Reiben Sie die Ente ein und lassen Sie sie 1 Stunde lang ruhen. Legen Sie den Vogel mit der Marinade in eine Pfanne mit schwerem Boden und fügen Sie die Zwiebel und das Salz hinzu. So viel kaltes Wasser hinzufügen, dass die Ente gerade bedeckt ist, zum Kochen bringen, abdecken und etwa 2 Stunden köcheln lassen, bis die Ente weich ist. Bambussprossen und Schinken dazugeben und weitere 10 Minuten köcheln lassen.

Ente mit Wein

für 4 Personen

1 Ente
15 ml/1 Esslöffel gelbe Bohnensauce
1 geschnittene Zwiebel
1 Flasche trockener Weißwein

Die Ente innen und außen mit der gelben Bohnensauce bestreichen. Legen Sie die Zwiebel in den Hohlraum. Den Wein in einem großen Topf zum Kochen bringen, die Ente dazugeben, erneut aufkochen lassen und zugedeckt ca. 3 Stunden köcheln lassen, bis die Ente weich ist. Abtropfen lassen und zum Servieren in Scheiben schneiden.

Gedämpfte Eier mit Fisch

für 4 Personen

225 g Seezungenfilets, in Streifen geschnitten

30 ml / 2 Esslöffel Maismehl (Maisstärke)

½ kleine grüne Paprika, fein gehackt

1 Frühlingszwiebel (Zwiebel), fein gehackt

30 ml / 2 Esslöffel Erdnussöl

120 ml / 4 fl oz / ½ Tasse Hühnerbrühe

3 Eier, leicht geschlagen

Prise Salz

Bestäuben Sie die Fischstreifen leicht mit dem Maismehl und schütteln Sie den Überschuss ab. Legen Sie sie in eine flache Auflaufform. Mit Paprika, Frühlingszwiebeln und Öl beträufeln. Die Hühnerbrühe erhitzen, mit den Eiern vermischen und mit Salz würzen, dann die Mischung über den Fisch gießen. Stellen Sie das Gericht auf einen Rost in einen Dampfgarer, decken Sie es ab und dämpfen Sie es etwa 40 Minuten lang über kochendem Wasser, bis der Fisch gar und die Eier fest sind.

Gedämpfte Eier mit Schinken und Fisch

Für 4 bis 6 Portionen

6 Eier, getrennt

225 g gehackter Kabeljau (gehackt)

375 ml / 13 fl oz / 1½ Tassen warmes Wasser

Prise Salz

50 g geräucherter Schinken, gehackt

15 ml / 1 Esslöffel Erdnussöl

Zweige glatte Petersilie

Das Eiweiß mit dem Fisch, der Hälfte des Wassers und etwas Salz vermischen und die Mischung in eine flache feuerfeste Form füllen. Das Eigelb mit dem restlichen Wasser, dem Schinken und etwas Salz verrühren und über die Eiweißmasse gießen. Stellen Sie die Form auf einen Rost in einen Dampfgarer, decken Sie sie ab und dämpfen Sie sie etwa 20 Minuten lang über kochendem Wasser, bis die Eier fest sind. Das Öl dampfend erhitzen, über die Eier gießen und mit Petersilie garniert servieren.

Gedämpfte Eier mit Schweinefleisch

für 4 Personen

45 ml / 3 Esslöffel Erdnussöl (Erdnüsse)

225 g / 8 oz mageres Schweinefleisch, gehackt (gemahlen)

100 g Wasserkastanien, gehackt (gemahlen)

1 Frühlingszwiebel (Zwiebel), gehackt

30 ml / 2 Esslöffel Sojasauce

5 ml/1 Teelöffel Salz

120 ml / 4 fl oz / ½ Tasse Hühnerbrühe

4 Eier, leicht geschlagen

Das Öl erhitzen und das Schweinefleisch, die Wasserkastanien und den Schnittlauch anbraten, bis sie eine leichte Farbe haben. Fügen Sie die Sojasauce und das Salz hinzu, lassen Sie das überschüssige Öl abtropfen und gießen Sie es in ein flaches Backblech. Brühe erhitzen, mit den Eiern verrühren und über die Fleischmasse gießen. Stellen Sie die Form auf einen Rost in einen Dampfgarer, decken Sie sie ab und dämpfen Sie sie etwa 30 Minuten lang über kochendem Wasser, bis die Eier fest sind.

gebratene Schweineeier

für 4 Personen

100 g gehacktes Schweinefleisch (gemahlen)

2 gehackte Tee(s).

15 ml / 1 Esslöffel Maismehl (Maisstärke)

15 ml / 1 Esslöffel Reiswein oder trockener Sherry

15 ml/1 Esslöffel Sojasauce

2,5 ml / ½ TL Salz

4 hartgekochte (gekochte) Eier.

Frittieröl

½ Kopf Salat, gehackt

Schweinefleisch, grünen Tee, Maisstärke, Wein oder Sherry, Sojasauce und Salz vermischen. Formen Sie die Eier so, dass sie vollständig bedeckt sind. Erhitzen Sie das Öl und braten Sie die Eier, bis der Überzug goldbraun und gar ist. Herausnehmen, gut abtropfen lassen und dann auf einem grünen Salatbett servieren.

Spiegeleier mit Sojasauce

für 4 Personen

45 ml / 3 Esslöffel Erdnussöl (Erdnüsse)

4 Eier

15 ml/1 Esslöffel Sojasauce

¼ gehackter grüner Salat

Das Öl sehr heiß erhitzen und die Eier in die Pfanne geben. Kochen, bis der Boden leicht gebräunt ist, großzügig mit Sojasauce bestreuen und wenden, ohne das Eigelb zu zerbrechen. Noch 1 Minute braten. Den Salat auf einer Servierplatte anrichten und zum Servieren mit den Eiern belegen.

Halbmondeier

für 4 Personen

45 ml / 3 Esslöffel Erdnussöl (Erdnüsse)

4 Eier

Salz und frisch gemahlener Pfeffer

15 ml/1 Esslöffel Sojasauce

15 ml / 1 Esslöffel gehackte frische glatte Petersilie

Das Öl sehr heiß erhitzen und die Eier in die Pfanne geben. Kochen, bis der Boden leicht gebräunt ist, dann mit Salz, Pfeffer und Sojasauce bestreuen. Falten Sie das Ei in zwei Hälften und drücken Sie es leicht zusammen, um es zusammenzuhalten. Weitere 2 Minuten braten, bis es auf beiden Seiten gebräunt ist, dann mit Petersilie bestreut servieren.

Spiegeleier mit Gemüse

für 4 Personen

4 getrocknete chinesische Pilze
30 ml / 2 Esslöffel Erdnussöl
2,5 ml / ½ TL Salz
3 Tees, gehackt
50 g Bambussprossen, in Scheiben geschnitten
50 g Wasserkastanien, in Scheiben geschnitten
90 ml / 6 EL Hühnerbrühe
10 ml / 2 Teelöffel Maismehl (Maisstärke)
15 ml/1 Esslöffel Wasser
5 ml/1 Teelöffel Zucker
Frittieröl
4 Eier
¼ gehackter grüner Salat

Die Pilze 30 Minuten in lauwarmem Wasser einweichen, dann abtropfen lassen. Die Stiele entfernen und die Spitzen abschneiden. Öl und Salz erhitzen und die Frühlingszwiebeln 30 Sekunden anbraten. Bambussprossen und Wasserkastanien dazugeben und 2 Minuten braten. Brühe hinzufügen, zum Kochen bringen, abdecken und 2 Minuten köcheln lassen. Maismehl und Wasser zu einer Paste vermischen und mit dem

Zucker in die Pfanne geben. Bei schwacher Hitze unter Rühren kochen, bis die Sauce eindickt. In der Zwischenzeit das Öl erhitzen und die Eier einige Minuten braten, bis die Ränder anfangen zu bräunen. Den Salat auf einem Teller anrichten, mit den Eiern belegen und die scharfe Soße darübergießen.

Chinesisches Omelett

für 4 Personen

4 Eier

Salz und frisch gemahlener Pfeffer

30 ml / 2 Esslöffel Erdnussöl

Die Eier leicht schlagen und mit Salz und Pfeffer würzen. Erhitzen Sie das Öl, gießen Sie dann die Eier in die Pfanne und kippen Sie die Pfanne so, dass das Ei die Oberfläche bedeckt. Heben Sie die Ränder der Tortilla an, während die Eier hart werden, damit das rohe Ei darunter laufen kann. Garen, bis es fertig ist, dann in zwei Hälften falten und sofort servieren.

Chinesisches Omelett mit Sojasprossen

für 4 Personen

100 g Sojasprossen

4 Eier

Salz und frisch gemahlener Pfeffer

30 ml / 2 Esslöffel Erdnussöl

½ kleine grüne Paprika, gehackt

2 Tees, gehackt

Die Sojasprossen in kochendem Wasser 2 Minuten blanchieren und gut abtropfen lassen. Die Eier leicht schlagen und mit Salz und Pfeffer würzen. Öl erhitzen und Paprika und Schnittlauch 1 Minute anbraten. Die Sojasprossen dazugeben und schwenken, bis sie mit Öl bedeckt sind. Gießen Sie die Eier in die Pfanne und kippen Sie die Pfanne so, dass das Ei die Oberfläche bedeckt. Heben Sie die Ränder der Tortilla an, während die Eier hart werden, damit das rohe Ei darunter laufen kann. Garen, bis es fertig ist, dann in zwei Hälften falten und sofort servieren.

Blumenkohlomelett

für 4 Personen

1 Blumenkohl, Röschen schneiden

225 g / 8 oz Hähnchen, gehackt (gemahlen)

5 ml/1 Teelöffel Salz

3 Eiweiß, leicht geschlagen

2,5 ml / ½ TL Selleriesalz

45 ml / 3 EL Hühnerbrühe

45 ml / 3 Esslöffel Erdnussöl (Erdnüsse)

Die Blumenkohlröschen 10 Minuten in kochendem Wasser blanchieren und anschließend gut abtropfen lassen. Hähnchen, Salz, Eiweiß, Selleriesalz und Brühe vermischen. Mit einem Elektromixer schlagen, bis die Mischung weiche Spitzen bildet. Das Öl erhitzen, die Hühnermischung dazugeben und etwa 2 Minuten braten. Den Blumenkohl hinzufügen und vor dem Servieren weitere 2 Minuten braten.

Krabbenomelett mit brauner Soße

für 4 Personen

15 ml / 1 Esslöffel Erdnussöl

4 geschlagene Eier

2,5 ml / ½ TL Salz

200 g Krabbenfleisch, Flocken

175 ml / 6 fl oz / ¾ Tasse Hühnerbrühe

15 ml/1 Esslöffel Sojasauce

10 ml / 2 Teelöffel Maismehl (Maisstärke)

45 ml / 3 Esslöffel gekochte Erbsen

Erhitze das Öl. Eier und Salz verquirlen und das Krabbenfleisch hinzufügen. In die Pfanne gießen und kochen, dabei die Ränder der Tortilla anheben, während die Eier fest werden, damit das rohe Ei darunter laufen kann. Garen, bis es fertig ist, dann in zwei Hälften falten und auf einen heißen Servierteller geben. In der Zwischenzeit die Brühe mit Sojasauce und Maisstärke erhitzen und rühren, bis die Mischung kocht und eindickt. 2 Minuten kochen lassen, dann die Erbsen hinzufügen. Kurz vor dem Servieren über die Tortillas gießen.

Omelett mit Schinken und Wasser mit Kastanien

2 Portionen

30 ml / 2 Esslöffel Erdnussöl

1 gehackte Zwiebel

1 zerdrückte Knoblauchzehe

50 g gehackter Schinken

50 g Wasserkastanien, gehackt

15 ml/1 Esslöffel Sojasauce

50 g Cheddar-Käse

3 geschlagene Eier

Die Hälfte des Öls erhitzen und Zwiebel, Knoblauch, Schinken, Wasserkastanien und Sojasauce leicht goldbraun braten. Nehmen Sie sie aus der Pfanne. Das restliche Öl erhitzen, die Eier hinzufügen und das Ei zur Mitte ziehen, wenn es anfängt hart zu werden, damit das rohe Ei darunter laufen kann. Wenn das Ei fest ist, legen Sie die Schinkenmischung auf eine Hälfte der Tortilla, bedecken Sie sie mit Käse und falten Sie die andere Hälfte der Tortilla darüber. Abdecken und 2 Minuten kochen lassen, dann umdrehen und weitere 2 Minuten goldbraun backen.

Hummeromelett

für 4 Personen

4 Eier

Salz und frisch gemahlener Pfeffer

30 ml / 2 Esslöffel Erdnussöl

3 Tees, gehackt

100 g Hummerfleisch, gehackt

Die Eier leicht schlagen und mit Salz und Pfeffer würzen. Das Öl erhitzen und die Frühlingszwiebeln 1 Minute anbraten. Den Hummer dazugeben und schwenken, bis er mit Öl bedeckt ist. Gießen Sie die Eier in die Pfanne und kippen Sie die Pfanne so, dass das Ei die Oberfläche bedeckt. Heben Sie die Ränder der Tortilla an, während die Eier hart werden, damit das rohe Ei darunter laufen kann. Garen, bis es fertig ist, dann in zwei Hälften falten und sofort servieren.

Omelett mit Austern

für 4 Personen

4 Eier

120 ml / 4 fl oz / ½ Tasse Milch

12 geschälte Austern

3 Tees, gehackt

Salz und frisch gemahlener Pfeffer

30 ml / 2 Esslöffel Erdnussöl

50 g mageres Schweinefleisch, zerkleinert

50 g Pilze, in Scheiben geschnitten

50 g Bambussprossen, in Scheiben geschnitten

Die Eier mit Milch, Austern, Schnittlauch, Salz und Pfeffer leicht verquirlen. Das Öl erhitzen und das Schweinefleisch anbraten, bis es leicht goldbraun ist. Pilze und Bambussprossen dazugeben und 2 Minuten braten. Gießen Sie die Eiermischung in die Pfanne und kochen Sie sie. Heben Sie dabei die Ränder der Tortilla an, während die Eier fest werden, damit das rohe Ei darunter laufen kann. Garen, bis die Tortilla fertig ist, dann die Hälfte falten, die Tortilla umdrehen und backen, bis sie auf der anderen Seite leicht gebräunt ist. Sofort servieren.

Garnelenomelett

für 4 Personen

4 Eier

15 ml / 1 Esslöffel Reiswein oder trockener Sherry

Salz und frisch gemahlener Pfeffer

30 ml / 2 Esslöffel Erdnussöl

1 Scheibe Ingwerwurzel, gehackt

225 g / 8 oz geschälte Garnelen

Die Eier mit dem Wein oder Sherry leicht verquirlen und mit Salz und Pfeffer würzen. Das Öl erhitzen und den Ingwer anbraten, bis er leicht goldbraun wird. Die Garnelen dazugeben und vermischen, bis sie mit Öl bedeckt sind. Gießen Sie die Eier in die Pfanne und kippen Sie die Pfanne so, dass das Ei die Oberfläche bedeckt. Heben Sie die Ränder der Tortilla an, während die Eier hart werden, damit das rohe Ei darunter laufen kann. Garen, bis es fertig ist, dann in zwei Hälften falten und sofort servieren.

Omelette mit Muscheln

für 4 Personen

4 Eier

5 ml/1 Teelöffel Sojasauce

Salz und frisch gemahlener Pfeffer

30 ml / 2 Esslöffel Erdnussöl

3 Tees, gehackt

225 g Jakobsmuscheln, halbiert

Die Eier mit der Sojasauce leicht verquirlen und mit Salz und Pfeffer würzen. Das Öl erhitzen und die Frühlingszwiebeln anbraten, bis sie leicht goldbraun sind. Jakobsmuscheln hinzufügen und 3 Minuten braten. Gießen Sie die Eier in die Pfanne und kippen Sie die Pfanne so, dass das Ei die Oberfläche bedeckt. Heben Sie die Ränder der Tortilla an, während die Eier hart werden, damit das rohe Ei darunter laufen kann. Garen, bis es fertig ist, dann in zwei Hälften falten und sofort servieren.

Tofu-Omelett

für 4 Personen

4 Eier

Salz und frisch gemahlener Pfeffer

30 ml / 2 Esslöffel Erdnussöl

225 g Tofu, zerbröckelt

Die Eier leicht schlagen und mit Salz und Pfeffer würzen. Das Öl erhitzen, dann den Tofu hinzufügen und heiß anbraten. Gießen Sie die Eier in die Pfanne und kippen Sie die Pfanne so, dass das Ei die Oberfläche bedeckt. Heben Sie die Ränder der Tortilla an, während die Eier hart werden, damit das rohe Ei darunter laufen kann. Garen, bis es fertig ist, dann in zwei Hälften falten und sofort servieren.

Gefüllte Schweinefleisch-Tortilla

für 4 Personen

50 g Sojasprossen

60 ml / 4 Esslöffel Erdnussöl

225 g gewürfeltes mageres Schweinefleisch

3 Tees, gehackt

1 Stange gehackter Sellerie

15 ml/1 Esslöffel Sojasauce

5 ml/1 Teelöffel Zucker

4 Eier, leicht geschlagen

Salz

Die Sojasprossen 3 Minuten in kochendem Wasser blanchieren und anschließend gut abtropfen lassen. Die Hälfte des Öls erhitzen und das Schweinefleisch leicht goldbraun braten. Schnittlauch und Sellerie hinzufügen und 1 Minute braten. Sojasauce und Zucker hinzufügen und 2 Minuten braten. Aus der Pfanne nehmen. Die geschlagenen Eier mit Salz würzen. Das restliche Öl erhitzen und die Eier in die Pfanne gießen. Dabei die Pfanne kippen, sodass das Ei die Oberfläche bedeckt. Heben Sie die Ränder der Tortilla an, während die Eier hart werden, damit das rohe Ei darunter laufen kann. Geben Sie die Füllung in eine

Hälfte der Tortilla und falten Sie sie in zwei Hälften. Garen, bis es fertig ist, und dann sofort servieren.

Mit Garnelen gefülltes Omelett

für 4 Personen

30 ml / 2 Esslöffel Erdnussöl

2 gehackte Selleriestangen

2 Tees, gehackt

225 g geschälte Garnelen, halbiert

4 Eier, leicht geschlagen

Salz

Die Hälfte des Öls erhitzen und den Sellerie und die Zwiebel anbraten, bis sie leicht goldbraun werden. Die Garnelen hinzufügen und braten, bis sie sehr heiß sind. Aus der Pfanne nehmen. Die geschlagenen Eier mit Salz würzen. Das restliche Öl erhitzen und die Eier in die Pfanne gießen. Dabei die Pfanne kippen, sodass das Ei die Oberfläche bedeckt. Heben Sie die Ränder der Tortilla an, während die Eier hart werden, damit das rohe Ei darunter laufen kann. Geben Sie die Füllung in eine Hälfte der Tortilla und falten Sie sie in zwei Hälften. Garen, bis es fertig ist, und dann sofort servieren.

Gedämpfte Tortillarollen mit Hähnchenfüllung

für 4 Personen

4 Eier, leicht geschlagen

Salz

15 ml / 1 Esslöffel Erdnussöl

100 g gekochtes Hähnchen, gehackt

2 Scheiben Ingwerwurzel, gehackt

1 gehackte Zwiebel

120 ml / 4 fl oz / ½ Tasse Hühnerbrühe

15 ml / 1 Esslöffel Reiswein oder trockener Sherry

Eier verquirlen und mit Salz würzen. Etwas Öl erhitzen, ein Viertel der Eier hineingießen und die Mischung durch Kippen in der Pfanne verteilen. Braten, bis es auf einer Seite leicht gebräunt ist, ruhen lassen und dann auf einen Teller stürzen. Die restlichen 4 Tortillas kochen. Hähnchen, Ingwer und Zwiebel unterrühren. Verteilen Sie die Mischung gleichmäßig auf die Tortillas, rollen Sie sie auf, befestigen Sie sie mit Cocktailspießen und legen Sie die Rollen in eine flache Auflaufform. Auf einen Rost im Dampfgarer stellen, abdecken und 15 Minuten dämpfen. Auf einen heißen Servierteller geben und in dicke Scheiben schneiden. In der Zwischenzeit Brühe und Sherry erhitzen und mit Salz abschmecken. Über die Tortillas gießen und servieren.

Austernpfannkuchen

Für 4 bis 6 Portionen

12 Austern

4 Eier, leicht geschlagen

3 Frühlingszwiebeln (Zwiebeln), in Scheiben geschnitten

Salz und frisch gemahlener Pfeffer

6 ml / 4 EL Mehl (Allzweckmehl)

2,5 ml / ½ Teelöffel Backpulver

45 ml / 3 Esslöffel Erdnussöl (Erdnüsse)

Die Austern herausnehmen, 60 ml bzw. 4 EL Likör aufheben und grob hacken. Eier mit Austern, Schnittlauch, Salz und Pfeffer vermischen. Mehl und Backpulver mischen, mit dem Austernlikör zu einer Paste verrühren, dann die Mischung mit den Eiern verrühren. Etwas Öl erhitzen und löffelweise Teig zu kleinen Pfannkuchen formen. So lange braten, bis es auf jeder Seite leicht gebräunt ist, dann etwas Öl in die Pfanne geben und weitermachen, bis die gesamte Mischung aufgebraucht ist.

Garnelenpfannkuchen

für 4 Personen

50 g geschälte Garnelen, gewürfelt

4 Eier, leicht geschlagen

75 g / 3 oz / ½ Tasse einfaches Mehl (Allzweck)

Salz und frisch gemahlener Pfeffer

120 ml / 4 fl oz / ½ Tasse Hühnerbrühe

2 Tees, gehackt

30 ml / 2 Esslöffel Erdnussöl

Alle Zutaten außer dem Öl vermischen. Etwas Öl erhitzen, ein Viertel des Teigs einfüllen und die Pfanne kippen, um ihn auf dem Boden zu verteilen. Backen, bis die Unterseite leicht gebräunt ist, dann wenden und auf der anderen Seite bräunen. Aus der Pfanne nehmen und die restlichen Pfannkuchen weiter backen.

Chinesisches Rührei

für 4 Personen

4 geschlagene Eier

2 Tees, gehackt

Prise Salz

5 ml / 1 Teelöffel Sojasauce (optional)

30 ml / 2 Esslöffel Erdnussöl

Die Eier mit Schnittlauch, Salz und ggf. Sojasauce verquirlen. Das Öl erhitzen und dann die Eimischung hineingießen. Vorsichtig mit einer Gabel verrühren, bis die Eier fest sind. Sofort servieren.

Rührei mit Fisch

für 4 Personen

225 g / 8 oz Fischfilets

30 ml / 2 Esslöffel Erdnussöl

1 Scheibe Ingwerwurzel, gehackt

2 Tees, gehackt

4 Eier, leicht geschlagen

Salz und frisch gemahlener Pfeffer

Den Fisch in einen ofenfesten Behälter geben und auf einem Rost in den Dampfgarer stellen. Abdecken und etwa 20 Minuten dämpfen, dann die Haut entfernen und das Fruchtfleisch zerkleinern. Das Öl erhitzen und den Ingwer und die Frühlingszwiebel anbraten, bis sie leicht gebräunt sind. Den Fisch dazugeben und schwenken, bis er mit Öl bedeckt ist. Die Eier mit Salz und Pfeffer würzen, dann in die Pfanne geben und vorsichtig mit einer Gabel verrühren, bis die Eier fest sind. Sofort servieren.

Rührei mit Pilzen

für 4 Personen

30 ml / 2 Esslöffel Erdnussöl

4 geschlagene Eier

3 Tees, gehackt

Prise Salz

5 ml/1 Teelöffel Sojasauce

100 g / 4 oz Pilze, grob gehackt

Die Hälfte des Öls erhitzen und die Pilze darin einige Minuten heiß braten, dann aus der Pfanne nehmen. Die Eier mit Frühlingszwiebeln, Salz und Sojasauce verquirlen. Das restliche Öl erhitzen und dann die Eimischung hineingießen. Vorsichtig mit einer Gabel umrühren, bis die Eier fest werden, dann die Pilze wieder in die Pfanne geben und kochen, bis die Eier fest werden. Sofort servieren.

Rührei mit Austernsauce

für 4 Personen

4 geschlagene Eier

3 Tees, gehackt

Salz und frisch gemahlener Pfeffer

5 ml/1 Teelöffel Sojasauce

30 ml / 2 Esslöffel Erdnussöl

15 ml/1 Esslöffel Austernsauce

100 g gekochter Schinken, zerkleinert

2 Zweige glatte Petersilie

Die Eier mit Schnittlauch, Salz, Pfeffer und Sojasauce verquirlen. Die Hälfte des Öls hinzufügen. Das restliche Öl erhitzen und dann die Eimischung hineingießen. Vorsichtig mit einer Gabel umrühren, bis die Eier fest werden, dann die Austernsauce hinzufügen und kochen, bis die Eier fest werden. Sie werden mit Schinken und Petersilie garniert serviert.

Rührei mit Schweinefleisch

für 4 Personen

225 g mageres Schweinefleisch, in Scheiben geschnitten

30 ml / 2 Esslöffel Sojasauce

30 ml / 2 Esslöffel Erdnussöl

2 Tees, gehackt

4 geschlagene Eier

Prise Salz

5 ml/1 Teelöffel Sojasauce

Mischen Sie Schweinefleisch und Sojasauce, sodass das Schweinefleisch gut bedeckt ist. Das Öl erhitzen und das Schweinefleisch anbraten, bis es leicht goldbraun ist. Den Schnittlauch hinzufügen und 1 Minute braten. Die Eier mit den Frühlingszwiebeln, Salz und Sojasauce verquirlen und die Eiermischung in die Pfanne gießen. Vorsichtig mit einer Gabel verrühren, bis die Eier fest sind. Sofort servieren.

Rührei mit Schweinefleisch und Garnelen

für 4 Personen

100 g gehacktes Schweinefleisch (gemahlen)

225 g / 8 oz geschälte Garnelen

2 Tees, gehackt

1 Scheibe Ingwerwurzel, gehackt

5 ml / 1 Teelöffel Maismehl (Maisstärke)

15 ml / 1 Esslöffel Reiswein oder trockener Sherry

15 ml/1 Esslöffel Sojasauce

Salz und frisch gemahlener Pfeffer

45 ml / 3 Esslöffel Erdnussöl (Erdnüsse)

4 Eier, leicht geschlagen

Schweinefleisch, Garnelen, Frühlingszwiebeln, Ingwer, Maisstärke, Wein oder Sherry, Sojasauce, Salz und Pfeffer unterrühren. Das Öl erhitzen und die Schweinefleischmischung anbraten, bis sie leicht gebräunt ist. Die Eier hineingeben und vorsichtig mit einer Gabel verrühren, bis die Eier fest werden. Sofort servieren.

Rührei mit Spinat

für 4 Personen

45 ml / 3 Esslöffel Erdnussöl (Erdnüsse)

225 g Spinat

4 geschlagene Eier

2 Tees, gehackt

Prise Salz

Die Hälfte des Öls erhitzen und den Spinat einige Minuten braten, bis er hellgrün, aber nicht zusammengefallen ist. Aus der Pfanne nehmen und fein hacken. Die Eier mit Schnittlauch, Salz und ggf. Sojasauce verquirlen. Den Spinat hinzufügen. Das Öl erhitzen und dann die Eimischung hineingießen. Vorsichtig mit einer Gabel verrühren, bis die Eier fest sind. Sofort servieren.

Rührei mit Schnittlauch

für 4 Personen

4 geschlagene Eier

8 Frühlingszwiebeln (Zwiebeln), gehackt

Salz und frisch gemahlener Pfeffer

5 ml/1 Teelöffel Sojasauce

30 ml / 2 Esslöffel Erdnussöl

Die Eier mit Schnittlauch, Salz, Pfeffer und Sojasauce verquirlen. Das Öl erhitzen und dann die Eimischung hineingießen. Vorsichtig mit einer Gabel verrühren, bis die Eier fest sind. Sofort servieren.

Rührei mit Tomaten

für 4 Personen

4 geschlagene Eier

2 Tees, gehackt

Prise Salz

30 ml / 2 Esslöffel Erdnussöl

3 Tomaten, geschält und gehackt

Die Eier mit den Frühlingszwiebeln und Salz verquirlen. Das Öl erhitzen und dann die Eimischung hineingießen. Vorsichtig umrühren, bis die Eier fest werden, dann die Tomaten einrühren und unter Rühren weiterkochen, bis sie fest sind. Sofort servieren.

Rührei mit Gemüse

für 4 Personen

30 ml / 2 Esslöffel Erdnussöl

5 ml/1 Teelöffel Sesamöl

1 gewürfelte grüne Paprika

1 gehackte Knoblauchzehe

100 g Zuckerschoten, halbiert

4 geschlagene Eier

2 Tees, gehackt

Prise Salz

5 ml/1 Teelöffel Sojasauce

Die Hälfte des Erdnussöls mit dem Sesamöl erhitzen und die Paprika und den Knoblauch anbraten, bis sie leicht goldbraun sind. Die Zuckerschoten dazugeben und 1 Minute braten. Die Eier mit Frühlingszwiebeln, Salz und Sojasauce verquirlen und die Mischung in die Pfanne gießen. Vorsichtig mit einer Gabel verrühren, bis die Eier fest sind. Sofort servieren.

Hühnersoufflé

für 4 Personen

*100 g / 4 oz gehackte Hähnchenbrust
(Boden)
45 ml / 3 EL Hühnerbrühe
2,5 ml / ½ TL Salz
4 Eiweiß
75 ml / 5 Esslöffel Erdnussöl (Erdnüsse)*

Hähnchenfleisch, Brühe und Salz gut vermischen. Das Eiweiß steif schlagen und zur Masse hinzufügen. Das Öl erhitzen, bis es raucht, die Mischung dazugeben und gut vermischen, dann die Hitze reduzieren und unter leichtem Rühren weitergaren, bis die Mischung fest ist.

Krabbenbällchen

für 4 Personen

100 g Krabbenfleisch, Flocken

Salz

15 ml / 1 Esslöffel Maismehl (Maisstärke)

120 ml / 4 fl oz / ½ Tasse Milch

4 Eiweiß

75 ml / 5 Esslöffel Erdnussöl (Erdnüsse)

Krabbenfleisch, Salz und Maisstärke untermischen und gut verrühren. Das Eiweiß steif schlagen und dann unter die Masse heben. Das Öl erhitzen, bis es raucht, die Mischung dazugeben und gut vermischen, dann die Hitze reduzieren und unter leichtem Rühren weitergaren, bis die Mischung fest ist.

Krabben-Ingwer-Soufflé

für 4 Personen

75 ml / 5 Esslöffel Erdnussöl (Erdnüsse)

2 Scheiben Ingwerwurzel, gehackt

1 Frühlingszwiebel (Zwiebel), gehackt

100 g Krabbenfleisch, Flocken

Salz

15 ml / 1 Esslöffel Reiswein oder trockener Sherry

120 ml / 4 ft oz / k Tasse Milch

60 ml / 4 EL Hühnerbrühe

15 ml / 2 Esslöffel Maismehl (Maisstärke)

4 Eiweiß

5 ml/1 Teelöffel Sesamöl

Die Hälfte des Öls erhitzen und Ingwer und Zwiebel darin anbraten, bis sie weich sind. Krabbenfleisch und Salz dazugeben, vom Herd nehmen und etwas abkühlen lassen. Mischen Sie Wein oder Sherry, Milch, Brühe und Maismehl und rühren Sie dies dann unter die Krabbenfleischmischung. Das Eiweiß steif schlagen und dann unter die Masse heben. Das restliche Öl erhitzen, bis es raucht, die Mischung dazugeben und gut vermischen, dann die Hitze reduzieren und unter leichtem Rühren weitergaren, bis die Mischung fest ist.

Fischbällchen

für 4 Personen

3 Eier, getrennt
5 ml/1 Teelöffel Sojasauce
5 ml/1 Teelöffel Zucker
Salz und frisch gemahlener Pfeffer
450 g / 1 Kilogramm Fischfilets
45 ml / 3 Esslöffel Erdnussöl (Erdnüsse)

Eigelb mit Sojasauce, Zucker, Salz und Pfeffer vermischen. Den Fisch in große Stücke schneiden. Tauchen Sie den Fisch in die Mischung, bis er gut bedeckt ist. Das Öl erhitzen und den Fisch anbraten, bis er an der Unterseite leicht gebräunt ist. In der Zwischenzeit das Eiweiß steif schlagen. Drehen Sie den Fisch um und legen Sie das Eiweiß auf den Fisch. 2 Minuten kochen, bis die Unterseite leicht gebräunt ist, dann erneut wenden und noch 1 Minute kochen, bis das Eiweiß fest und goldbraun ist. Es wird mit Tomatensauce serviert.

Garnelensoufflé

für 4 Personen

225 g geschälte Garnelen, gewürfelt

1 Scheibe Ingwerwurzel, gehackt

15 ml / 1 Esslöffel Reiswein oder trockener Sherry

15 ml/1 Esslöffel Sojasauce

Salz und frisch gemahlener Pfeffer

4 Eiweiß

45 ml / 3 Esslöffel Erdnussöl (Erdnüsse)

Garnelen, Ingwer, Wein oder Sherry, Sojasauce, Salz und Pfeffer hinzufügen. Das Eiweiß steif schlagen und dann unter die Masse heben. Das Öl erhitzen, bis es raucht, die Mischung dazugeben und gut vermischen, dann die Hitze reduzieren und unter leichtem Rühren weitergaren, bis die Mischung fest ist.

Sojasprossen-Garnelen-Souffle

für 4 Personen

100 g Sojasprossen

100 g geschälte Garnelen, grob gehackt

2 Tees, gehackt

5 ml / 1 Teelöffel Maismehl (Maisstärke)

15 ml / 1 Esslöffel Reiswein oder trockener Sherry

120 ml / 4 fl oz / ½ Tasse Hühnerbrühe

Salz

4 Eiweiß

45 ml / 3 Esslöffel Erdnussöl (Erdnüsse)

Die Sojasprossen 2 Minuten in kochendem Wasser blanchieren, dann abgießen und warm halten. In der Zwischenzeit Garnelen, Zwiebeln, Maisstärke, Wein oder Sherry und Brühe vermischen und mit Salz würzen. Das Eiweiß steif schlagen und dann unter die Masse heben. Das Öl erhitzen, bis es raucht, die Mischung dazugeben und gut vermischen, dann die Hitze reduzieren und unter leichtem Rühren weitergaren, bis die Mischung fest ist. Auf einen heißen Servierteller legen und mit Sojasprossen belegen.

Gemüseauflauf

für 4 Personen

5 Eier, getrennt
3 geriebene Kartoffeln
1 kleine Zwiebel, fein gehackt
15 ml/1 Esslöffel gehackte frische Petersilie
5 ml/1 Teelöffel Sojasauce
Salz und frisch gemahlener Pfeffer

Das Eiweiß schaumig schlagen. Das Eigelb schlagen, bis es hell und dick ist, dann die Kartoffeln, die Zwiebel, die Petersilie und die Sojasauce dazugeben und gut verrühren.

Das Eiweiß unterrühren. In eine gefettete Soufflèform füllen und im vorgeheizten Backofen bei 180 °C/350 °F/Gas Stufe 4 etwa 40 Minuten backen.

Egg Foo Yung

für 4 Personen

4 Eier, leicht geschlagen

Salz

100 g gekochtes Hähnchen, gehackt

1 gehackte Zwiebel

2 gehackte Selleriestangen

50 g Pilze, gehackt

30 ml / 2 Esslöffel Erdnussöl

Foo-Yung-Ei-Sauce

Eier, Salz, Hühnchen, Zwiebeln, Sellerie und Pilze vermischen. Etwas Öl erhitzen und ein Viertel der Mischung in die Pfanne geben. Frittieren, bis die Unterseite leicht gebräunt ist, dann umdrehen und auf der anderen Seite bräunen. Mit Foo-Yung-Ei-Sauce servieren.

Spiegelei Foo Yung

für 4 Personen

4 Eier, leicht geschlagen

5 ml/1 Teelöffel Salz

100 g geräucherter Schinken, gehackt

100 g gehackte Pilze

15 ml/1 Esslöffel Sojasauce

Frittieröl

Eier mit Salz, Schinken, Pilzen und Sojasauce vermischen. Erhitzen Sie das Öl und geben Sie vorsichtig einen Löffel der Mischung in das Öl. Kochen, bis sie an die Oberfläche steigen, wenden, bis sie auf beiden Seiten braun sind. Aus dem Öl nehmen und abtropfen lassen, während die restlichen Pfannkuchen gebacken werden.

Foo-Yung-Krabbe mit Pilzen

für 4 Personen

6 geschlagene Eier

45 ml / 3 Esslöffel Maismehl (Maisstärke)

100 g / 4 oz Krabbenfleisch

100 g Pilze, gewürfelt

100 g / 4 oz gefrorene Erbsen

2 Tees, gehackt

5 ml/1 Teelöffel Salz

45 ml / 3 Esslöffel Erdnussöl (Erdnüsse)

Schlagen Sie die Eier und fügen Sie dann die Sahne hinzu. Alle restlichen Zutaten außer Öl hinzufügen. Etwas Öl erhitzen und die Mischung nach und nach in die Pfanne gießen, sodass kleine Pfannkuchen von etwa 7,5 cm Breite entstehen. Frittieren, bis die Unterseite leicht gebräunt ist, dann umdrehen und auf der anderen Seite bräunen. Fahren Sie fort, bis Sie die gesamte Mischung aufgebraucht haben.

Schinken-Ei-Foo Yung

für 4 Personen

60 ml / 4 Esslöffel Erdnussöl

50 g Bambussprossen, gewürfelt

50 g Wasserkastanien, gewürfelt

2 Tees, gehackt

2 Stangen Sellerie, gewürfelt

50 g geräucherter Schinken, gewürfelt

15 ml/1 Esslöffel Sojasauce

2,5 ml / ½ TL Zucker

2,5 ml / ½ TL Salz

4 Eier, leicht geschlagen

Die Hälfte des Öls erhitzen und Bambussprossen, Wasserkastanien, Frühlingszwiebeln und Sellerie etwa 2 Minuten anbraten. Schinken, Sojasauce, Zucker und Salz hinzufügen, aus der Pfanne nehmen und etwas abkühlen lassen. Die Mischung zu den geschlagenen Eiern geben. Etwas restliches Öl erhitzen und die Mischung nach und nach in die Pfanne gießen, sodass kleine Pfannkuchen von etwa 7,5 cm Breite entstehen. Frittieren, bis die Unterseite leicht gebräunt ist, dann umdrehen und auf der anderen Seite bräunen. Fahren Sie fort, bis Sie die gesamte Mischung aufgebraucht haben.

Spiegelei Foo Yung Schweinefleisch

für 4 Personen

4 getrocknete chinesische Pilze

60 ml / 3 Esslöffel Erdnussöl

100 g Schweinebraten, zerkleinert

100 g / 4 oz Pak Choi, zerkleinert

50 g Bambussprossen, in Scheiben geschnitten

50 g Wasserkastanien, in Scheiben geschnitten

4 Eier, leicht geschlagen

Salz und frisch gemahlener Pfeffer

Die Pilze 30 Minuten in lauwarmem Wasser einweichen, dann abtropfen lassen. Die Stiele entfernen und die Spitzen abschneiden. 30 ml / 2 EL Öl erhitzen und Pilze, Schweinefleisch, Kohl, Bambussprossen und Wasserkastanien 3 Minuten anbraten. Aus der Pfanne nehmen und etwas abkühlen lassen, dann mit den Eiern vermischen und mit Salz und Pfeffer würzen. Etwas restliches Öl erhitzen und die Mischung nach und nach in die Pfanne gießen, sodass kleine Pfannkuchen von etwa 7,5 cm Breite entstehen. Frittieren, bis die Unterseite leicht gebräunt ist, dann umdrehen und auf der anderen Seite bräunen. Fahren Sie fort, bis Sie die gesamte Mischung aufgebraucht haben.

Schweineei und Garnelen Foo Yung

für 4 Personen

45 ml / 3 Esslöffel Erdnussöl (Erdnüsse)
100 g mageres Schweinefleisch, in Scheiben geschnitten
1 gehackte Zwiebel
8 oz / 225 g Garnelen, geschält, in Scheiben geschnitten
50 g / 2 Unzen Pak Choi, gehackt
4 Eier, leicht geschlagen
Salz und frisch gemahlener Pfeffer

30 ml/2 EL Öl erhitzen und das Schweinefleisch und die Zwiebeln leicht goldbraun braten. Die Garnelen dazugeben und braten, bis sie mit Öl bedeckt sind, dann den Kohl dazugeben, gut vermischen, abdecken und 3 Minuten kochen lassen. Aus der Pfanne nehmen und etwas abkühlen lassen. Die Fleischmischung zu den Eiern geben und mit Salz und Pfeffer würzen. Etwas restliches Öl erhitzen und die Mischung nach und nach in die Pfanne gießen, sodass kleine Pfannkuchen von etwa 7,5 cm Breite entstehen. Frittieren, bis die Unterseite leicht gebräunt ist, dann umdrehen und auf der anderen Seite bräunen. Fahren Sie fort, bis Sie die gesamte Mischung aufgebraucht haben.

weißer Reis

für 4 Personen

225 g / 8 oz / 1 Tasse Langkornreis
15 ml / 1 Esslöffel Öl
750 ml / 1¼ Augen / 3 Tassen Wasser

Den Reis waschen und anschließend in einen Topf geben. Fügen Sie das Wasser zum Öl hinzu und geben Sie es dann in die Pfanne, sodass es etwa einen Zentimeter über dem Reis steht. Zum Kochen bringen, mit einem festen Deckel abdecken, die Hitze reduzieren und 20 Minuten köcheln lassen.

Gekochter brauner Reis

für 4 Personen

225 g / 8 oz / 1 Tasse brauner Langkornreis
5 ml / 1 Teelöffel Salz
900 ml / 1½ Punkte / 3¾ Tassen Wasser

Den Reis waschen und anschließend in einen Topf geben. Salz und Wasser so hinzufügen, dass der Reis etwa 3 cm über dem Reis steht. Zum Kochen bringen, mit einem festen Deckel abdecken, die Hitze reduzieren und 30 Minuten köcheln lassen, dabei darauf achten, dass es nicht austrocknet.

Reis mit Rindfleisch

für 4 Personen

225 g / 8 oz / 1 Tasse Langkornreis
100g / 4oz Rinderhackfleisch (gemahlen)
1 Scheibe Ingwerwurzel, gehackt
15 ml/1 Esslöffel Sojasauce
15 ml / 1 Esslöffel Reiswein oder trockener Sherry
5 ml/1 Teelöffel Erdnussöl
2,5 ml / ½ TL Zucker
2,5 ml / ½ TL Salz

Den Reis in einen großen Topf geben und zum Kochen bringen. Abdecken und ca. 10 Minuten köcheln lassen, bis die meiste Flüssigkeit aufgesogen ist. Die restlichen Zutaten vermischen, auf den Reis geben, abdecken und weitere 20 Minuten bei schwacher Hitze kochen lassen, bis er gar ist. Mischen Sie die Zutaten vor dem Servieren.

Reis mit Hühnerleber

für 4 Personen

225 g / 8 oz / 1 Tasse Langkornreis
375 ml / 13 fl oz / 1½ Tassen Hühnerbrühe
Salz
2 gekochte Hühnerleber, in dünne Scheiben geschnitten

Reis und Brühe in einen großen Topf geben und zum Kochen bringen. Abdecken und etwa 10 Minuten köcheln lassen, bis der Reis fast zart ist. Nehmen Sie den Deckel ab und kochen Sie weiter, bis der größte Teil der Brühe aufgesogen ist. Mit Salz abschmecken, die Hühnerleber dazugeben und vor dem Servieren leicht erhitzen.

Reis mit Hühnchen und Pilzen

für 4 Personen

225 g / 8 oz / 1 Tasse Langkornreis

100 g / 4 oz Hähnchen, zerkleinert

100 g Pilze, gewürfelt

5 ml / 1 Teelöffel Maismehl (Maisstärke)

5 ml/1 Teelöffel Sojasauce

5 ml / 1 TL Reiswein oder trockener Sherry

Prise Salz

15 ml / 1 Esslöffel gehackte Frühlingszwiebeln

15 ml/1 Esslöffel Austernsauce

Den Reis in einen großen Topf geben und zum Kochen bringen. Abdecken und ca. 10 Minuten köcheln lassen, bis die meiste Flüssigkeit aufgesogen ist. Alle restlichen Zutaten außer grünem Tee und Austernsauce mischen, auf den Reis geben, abdecken und weitere 20 Minuten bei schwacher Hitze kochen lassen, bis er gar ist. Die Zutaten vermischen und vor dem Servieren mit Frühlingszwiebeln und Austernsauce beträufeln.

Kokosreis

für 4 Personen

225 g / 8 oz / 1 Tasse Reis mit Thai-Geschmack
1 l / 1¾ Punkte / 4¼ Tassen Kokosmilch
150 ml / ¼ pt / großzügige ½ Tasse Kokoscreme
1 Zweig gehackter Koriander
Prise Salz

Alle Zutaten in einem Topf zum Kochen bringen, abdecken und den Reis bei schwacher Hitze etwa 25 Minuten köcheln lassen, dabei gelegentlich umrühren.

Reis mit Krabbenfleisch

für 4 Personen

225 g / 8 oz / 1 Tasse Langkornreis

100 g Krabbenfleisch, Flocken

2 Scheiben Ingwerwurzel, gehackt

15 ml/1 Esslöffel Sojasauce

15 ml / 1 Esslöffel Reiswein oder trockener Sherry

5 ml/1 Teelöffel Erdnussöl

5 ml / 1 Teelöffel Maismehl (Maisstärke)

Salz und frisch gemahlener Pfeffer

Den Reis in einen großen Topf geben und zum Kochen bringen. Abdecken und ca. 10 Minuten köcheln lassen, bis die meiste Flüssigkeit aufgesogen ist. Die restlichen Zutaten vermischen, auf den Reis geben, abdecken und weitere 20 Minuten bei schwacher Hitze kochen lassen, bis er gar ist. Mischen Sie die Zutaten vor dem Servieren.

Reis mit Erbsen

für 4 Personen

225 g / 8 oz / 1 Tasse Langkornreis

350 g Erbsen

30 ml / 2 Esslöffel Sojasauce

Reis und Brühe in einen großen Topf geben und zum Kochen bringen. Die Erbsen dazugeben und zugedeckt etwa 20 Minuten köcheln lassen, bis der Reis fast weich ist. Nehmen Sie den Deckel ab und kochen Sie weiter, bis der größte Teil der Flüssigkeit aufgesogen ist. Abdecken und 5 Minuten vom Herd lassen, dann mit Sojasauce bestreut servieren.

Reis mit Pfeffer

für 4 Personen

225 g / 8 oz / 1 Tasse Langkornreis

2 Tees, gehackt

1 gewürfelte rote Paprika

45 ml / 3 Esslöffel Sojasauce

30 ml / 2 Esslöffel Erdnussöl

5 ml/1 Teelöffel Zucker

Den Reis in einen Topf geben, mit kaltem Wasser bedecken, zum Kochen bringen, abdecken und ca. 20 Minuten garen, bis er weich ist. Gut abtropfen lassen, dann Zwiebel, Pfeffer, Sojasauce, Öl und Zucker hinzufügen. In eine heiße Servierschüssel umfüllen und sofort servieren.

Reis mit pochiertem Ei

für 4 Personen

225 g / 8 oz / 1 Tasse Langkornreis

4 Eier

15 ml/1 Esslöffel Austernsauce

Den Reis in einen Topf geben, mit kaltem Wasser bedecken, zum Kochen bringen, abdecken und ca. 10 Minuten garen, bis er weich ist. Abtropfen lassen und auf einen heißen Servierteller legen. In der Zwischenzeit einen Topf mit Wasser zum Kochen bringen, die Eier vorsichtig aufschlagen und einige Minuten kochen lassen, bis das Eiweiß fest, die Eier aber noch feucht sind. Mit einem Schaumlöffel aus der Pfanne nehmen und auf den Reis legen. Es wird mit Austernsauce bestreut serviert.

Reis nach Singapur-Art

für 4 Personen
225 g / 8 oz / 1 Tasse Langkornreis
5 ml/1 Teelöffel Salz
1,2 l / 2 Punkte / 5 Tassen Wasser

Den Reis waschen und anschließend mit Salz und Wasser in einen Topf geben. Zum Kochen bringen, dann die Hitze reduzieren und etwa 15 Minuten köcheln lassen, bis der Reis weich ist. In einem Sieb abtropfen lassen und vor dem Servieren mit heißem Wasser abspülen.

Langsamer Bootsreis

für 4 Personen

225 g / 8 oz / 1 Tasse Langkornreis
5 ml/1 Teelöffel Salz
15 ml/1 Esslöffel Öl
750 ml / 1¼ Augen / 3 Tassen Wasser

Den Reis waschen und mit Salz, Öl und Wasser in eine feuerfeste Schüssel geben. Abdecken und im vorgeheizten Backofen bei 120 °C/250 °F/½ Gasherd ca. 1 Stunde backen, bis das gesamte Wasser aufgesogen ist.

Gedünsteter Reis

für 4 Personen
225 g / 8 oz / 1 Tasse Langkornreis
5 ml/1 Teelöffel Salz
450 ml / ¾ pt / 2 Tassen Wasser

Reis, Salz und Wasser in eine Pfanne geben, abdecken und im vorgeheizten Backofen bei 180 °C / Gas Stufe 4 etwa 30 Minuten backen.

Gebratener Reis

für 4 Personen

225 g / 8 oz / 1 Tasse Langkornreis

750 ml / 1¼ Augen / 3 Tassen Wasser

30 ml / 2 Esslöffel Erdnussöl

1 geschlagenes Ei

2 gehackte Knoblauchzehen

Prise Salz

1 fein gehackte Zwiebel

3 Tees, gehackt

2,5 ml / ½ Teelöffel schwarze Melasse

Reis und Wasser in einen Topf geben, zum Kochen bringen, abdecken und etwa 20 Minuten kochen lassen, bis der Reis gar ist. Gut abtropfen lassen. 5 ml/1 TL Öl erhitzen und das Ei hineingeben. Kochen, bis es auf dem Boden fest wird, dann umdrehen und weitergaren, bis es fest wird. Aus der Pfanne nehmen und in Streifen schneiden. Das restliche Öl mit dem Knoblauch und Salz in die Pfanne geben und braten, bis der Knoblauch goldbraun wird. Zwiebel und Reis hinzufügen und 2 Minuten braten. Den Schnittlauch hinzufügen und 2 Minuten braten. Die Melasse einrühren, bis der Reis bedeckt ist, dann die Eierstreifen dazugeben und servieren.

Gebratener Reis mit Mandeln

für 4 Personen

250 ml / 8 fl oz / 1 Tasse Erdnussöl (Erdnüsse)

50 g / 2 oz / ½ Tasse Mandelblättchen

4 geschlagene Eier

450 g / 1 Pfund / 3 Tassen gekochter Langkornreis

5 ml/1 Teelöffel Salz

3 Scheiben gekochter Schinken, in Streifen geschnitten

2 Schalotten, fein gehackt

15 ml/1 Esslöffel Sojasauce

Das Öl erhitzen und die Mandeln anbraten, bis sie goldbraun sind. Aus der Pfanne nehmen und auf Küchenpapier abtropfen lassen. Den größten Teil des Öls aus der Pfanne abgießen, dann wieder auf den Herd stellen und unter ständigem Rühren die Eier hinzufügen. Den Reis und das Salz dazugeben und 5 Minuten kochen lassen, dabei immer wieder schnell schwenken, sodass die Reiskörner mit dem Ei bedeckt sind. Schinken, Schalotten und Sojasauce hinzufügen und weitere 2 Minuten kochen lassen. Den Großteil der Mandeln unterrühren und mit den restlichen Mandeln garniert servieren.

Gebratener Reis mit Speck und Ei

für 4 Personen

45 ml / 3 Esslöffel Erdnussöl (Erdnüsse)

225 g Speck, gehackt

1 fein gehackte Zwiebel

3 geschlagene Eier

225 g gekochter Langkornreis

Das Öl erhitzen und den Speck und die Zwiebeln anbraten, bis sie leicht goldbraun sind. Eier hinzufügen und braten, bis sie fast gar sind. Den Reis hinzufügen und anbraten, bis der Reis durchgewärmt ist.

Gebratener Reis mit Fleisch

für 4 Personen

8 oz / 225 g mageres Rindfleisch, in Streifen geschnitten
15 ml / 1 Esslöffel Maismehl (Maisstärke)
15 ml/1 Esslöffel Sojasauce
15 ml / 1 Esslöffel Reiswein oder trockener Sherry
5 ml/1 Teelöffel Zucker
75 ml / 5 Esslöffel Erdnussöl (Erdnüsse)
1 gehackte Zwiebel
450 g / 1 Pfund / 3 Tassen gekochter Langkornreis
45 ml / 3 EL Hühnerbrühe

Mischen Sie das Fleisch mit Maisstärke, Sojasauce, Wein oder Sherry und Zucker. Die Hälfte des Öls erhitzen und die Zwiebel glasig dünsten. Das Fleisch hinzufügen und 2 Minuten braten. Aus der Pfanne nehmen. Das restliche Öl erhitzen, den Reis hinzufügen und 2 Minuten braten. Brühe hinzufügen und erhitzen. Fügen Sie die Hälfte der Fleisch-Zwiebel-Mischung hinzu und rühren Sie, bis sie durchgewärmt ist. Geben Sie sie dann auf einen heißen Servierteller und belegen Sie sie mit dem restlichen Fleisch und den Zwiebeln.

Gebratener Reis mit Hackfleisch

für 4 Personen

30 ml / 2 Esslöffel Erdnussöl

1 zerdrückte Knoblauchzehe

Prise Salz

30 ml / 2 Esslöffel Sojasauce

30 ml / 2 Esslöffel Hoisinsauce

450 g / 1 kg Hackfleisch (gemahlen)

1 gewürfelte Zwiebel

1 gewürfelte Karotte

1 gewürfelter Lauch

450 g / 1 Kilogramm gekochter Langkornreis

Erhitzen Sie das Öl und braten Sie den Knoblauch und das Salz an, bis sie leicht goldbraun sind. Fügen Sie die Soja- und Hoisinsauce hinzu und rühren Sie, bis alles durchgewärmt ist. Das Fleisch dazugeben und anbraten, bis es braun und zerkrümelt ist. Das Gemüse dazugeben und unter häufigem Rühren weich kochen. Den Reis dazugeben und unter ständigem Rühren braten, bis er durchgewärmt und mit der Soße bedeckt ist.

Gebratener Reis mit Fleisch und Zwiebeln

für 4 Personen

1 Kilogramm / 450 g mageres Rindfleisch, in dünne Scheiben geschnitten

45 ml / 3 Esslöffel Sojasauce

15 ml / 1 Esslöffel Reiswein oder trockener Sherry

Salz und frisch gemahlener Pfeffer

15 ml / 1 Esslöffel Maismehl (Maisstärke)

45 ml / 3 Esslöffel Erdnussöl (Erdnüsse)

1 gehackte Zwiebel

225 g gekochter Langkornreis

Marinieren Sie das Fleisch 15 Minuten lang in Sojasauce, Wein oder Sherry, Salz, Pfeffer und Maismehl. Das Öl erhitzen und die Zwiebel anbraten, bis sie leicht goldbraun wird. Fleisch und Marinade hinzufügen und 3 Minuten braten. Den Reis dazugeben und heiß braten.

gebratener Reis mit Hühnchen

für 4 Personen

225 g / 8 oz / 1 Tasse Langkornreis

750 ml / 1¼ Augen / 3 Tassen Wasser

30 ml / 2 Esslöffel Erdnussöl

2 gehackte Knoblauchzehen

Prise Salz

1 fein gehackte Zwiebel

3 Tees, gehackt

100 g gekochtes Hähnchen, zerkleinert

15 ml/1 Esslöffel Sojasauce

Reis und Wasser in einen Topf geben, zum Kochen bringen, abdecken und etwa 20 Minuten kochen lassen, bis der Reis gar ist. Gut abtropfen lassen. Das Öl erhitzen und den Knoblauch und Salz anbraten, bis der Knoblauch leicht goldbraun wird. Die Zwiebel dazugeben und 1 Minute braten. Den Reis hinzufügen und 2 Minuten braten. Schnittlauch und Hühnchen dazugeben und 2 Minuten braten. Fügen Sie die Sojasauce hinzu, um den Reis zu bedecken.

Gebratener Reis mit Ente

für 4 Personen

4 getrocknete chinesische Pilze
45 ml / 3 Esslöffel Erdnussöl (Erdnüsse)
2 Tee(s), in Scheiben geschnitten
225 g / 8 oz Pak Choi, zerkleinert
100 g gekochte Ente, zerkleinert
45 ml / 3 Esslöffel Sojasauce
15 ml / 1 Esslöffel Reiswein oder trockener Sherry
350 g / 12 oz gekochter Langkornreis
45 ml / 3 EL Hühnerbrühe

Die Pilze 30 Minuten in lauwarmem Wasser einweichen, dann abtropfen lassen. Die Stiele entfernen und die Spitzen abschneiden. Die Hälfte des Öls erhitzen und die Frühlingszwiebel anbraten, bis sie glasig wird. Den Chinakohl dazugeben und 1 Minute braten. Ente, Sojasauce und Wein oder Sherry hinzufügen und 3 Minuten kochen lassen. Aus der Pfanne nehmen. Das restliche Öl erhitzen und den Reis anbraten, bis er mit Öl bedeckt ist. Brühe hinzufügen, aufkochen und 2 Minuten braten. Geben Sie die Entenmischung wieder in die Pfanne und rühren Sie, bis sie durchgewärmt ist, bevor Sie sie servieren.

gebratener Reis mit Schinken

für 4 Personen

30 ml / 2 Esslöffel Erdnussöl

1 geschlagenes Ei

1 zerdrückte Knoblauchzehe

350 g / 12 oz gekochter Langkornreis

1 fein gehackte Zwiebel

1 gehackte grüne Paprika

100 g gehackter Schinken

50 g Wasserkastanien, in Scheiben geschnitten

50 g Bambussprossen, gehackt

15 ml/1 Esslöffel Sojasauce

15 ml / 1 Esslöffel Reiswein oder trockener Sherry

15 ml/1 Esslöffel Austernsauce

Etwas Öl in einer Pfanne erhitzen und das Ei hinzufügen. Dabei die Pfanne kippen, sodass es auf der Pfanne aufliegt. Backen, bis die Unterseite leicht gebräunt ist, dann wenden und auf der anderen Seite backen. Aus der Pfanne nehmen und den Knoblauch hacken und anbraten, bis er leicht goldbraun ist. Reis, Zwiebel und Paprika dazugeben und 3 Minuten braten. Schinken, Wasserkastanien und Bambussprossen hinzufügen und 5 Minuten braten. Die restlichen Zutaten hinzufügen und etwa 4 Minuten braten. Sie werden mit den Eierstreifen bestreut serviert.

Reis mit geräuchertem Schinken und Brühe

für 4 Personen

30 ml / 2 Esslöffel Erdnussöl

3 geschlagene Eier

350 g / 12 oz gekochter Langkornreis

600 ml / 1 pt / 2½ Tassen Hühnerbrühe

100 g geräucherter Schinken, zerbröselt

100 g Bambussprossen, in Scheiben geschnitten

Das Öl erhitzen und dann die Eier hineingießen. Sobald sie zu gerinnen beginnen, den Reis hinzufügen und 2 Minuten braten. Brühe und Schinken hinzufügen und zum Kochen bringen. 2 Minuten kochen lassen, dann die Bambussprossen hinzufügen und servieren.

gebratener Reis mit Schweinefleisch

für 4 Personen

45 ml / 3 Esslöffel Erdnussöl (Erdnüsse)

3 Tees, gehackt

100 g Schweinebraten, gewürfelt

350 g / 12 oz gekochter Langkornreis

30 ml / 2 Esslöffel Sojasauce

2,5 ml / ½ TL Salz

2 geschlagene Eier

Das Öl erhitzen und den Schnittlauch glasig dünsten. Schweinefleisch hinzufügen und schwenken, bis es mit Öl bedeckt ist. Reis, Sojasauce und Salz hinzufügen und 3 Minuten braten. Die Eier dazugeben und verrühren, bis sie anfangen fest zu werden.

Gebratener Reis mit Schweinefleisch und Garnelen

für 4 Personen

45 ml / 3 Esslöffel Erdnussöl (Erdnüsse)

2,5 ml / ½ TL Salz

2 Tees, gehackt

350 g / 12 oz gekochter Langkornreis

100 g Schweinebraten

225 g / 8 oz geschälte Garnelen

50 g / 2 oz chinesische Blätter, gerieben

45 ml / 3 Esslöffel Sojasauce

Das Öl erhitzen und das Salz und den Schnittlauch anbraten, bis sie leicht golden werden. Fügen Sie den Reis hinzu und braten Sie ihn an, um die Körner aufzubrechen. Das Schweinefleisch dazugeben und 2 Minuten braten. Garnelen, chinesische Blätter und Sojasauce hinzufügen und unter Rühren anbraten, bis alles gar ist.

gebratener Reis mit Garnelen

für 4 Personen

225 g / 8 oz / 1 Tasse Langkornreis

750 ml / 1¼ Augen / 3 Tassen Wasser

30 ml / 2 Esslöffel Erdnussöl

2 gehackte Knoblauchzehen

Prise Salz

1 fein gehackte Zwiebel

225 g / 8 oz geschälte Garnelen

5 ml/1 Teelöffel Sojasauce

Reis und Wasser in einen Topf geben, zum Kochen bringen, abdecken und etwa 20 Minuten kochen lassen, bis der Reis gar ist. Gut abtropfen lassen. Das Öl mit dem Knoblauch und Salz erhitzen und braten, bis der Knoblauch leicht goldbraun wird. Reis und Zwiebel hinzufügen und 2 Minuten braten. Die

Garnelen dazugeben und 2 Minuten braten. Vor dem Servieren Sojasauce hinzufügen.

Gebratener Reis und Erbsen

für 4 Personen

30 ml / 2 Esslöffel Erdnussöl

2 gehackte Knoblauchzehen

5 ml/1 Teelöffel Salz

350 g / 12 oz gekochter Langkornreis

225 g weiße oder gefrorene Erbsen, aufgetaut

4 Frühlingszwiebeln (Zwiebeln), fein gehackt

30 ml / 2 Esslöffel fein gehackte frische Petersilie

Erhitzen Sie das Öl und braten Sie den Knoblauch und das Salz an, bis sie leicht goldbraun sind. Den Reis hinzufügen und 2 Minuten braten. Erbsen, Zwiebeln und Petersilie hinzufügen und einige Minuten kochen, bis sie heiß sind. Heiß oder kalt servieren.

Gebratener Reis mit Lachs

für 4 Personen

30 ml / 2 Esslöffel Erdnussöl

2 gehackte Knoblauchzehen

2 Tee(s), in Scheiben geschnitten

50 g gehackter Lachs

75 g gehackter Spinat

150 g gekochter Langkornreis

Erhitzen Sie das Öl und braten Sie den Knoblauch und den Schnittlauch 30 Sekunden lang an. Den Lachs dazugeben und 1 Minute braten. Den Spinat hinzufügen und 1 Minute braten. Den Reis dazugeben und anbraten, bis er heiß und gut vermischt ist.

Spezieller gebratener Reis

für 4 Personen

60 ml / 4 Esslöffel Erdnussöl

1 fein gehackte Zwiebel

100 g Speck, gehackt

50 g gehackter Schinken

50 g gekochtes Hähnchen, gehackt

50 g geschälte Garnelen

60 ml / 4 Esslöffel Sojasauce

30 ml / 2 Esslöffel Reiswein oder trockener Sherry

Salz und frisch gemahlener Pfeffer

15 ml / 1 Esslöffel Maismehl (Maisstärke)

225 g gekochter Langkornreis

2 geschlagene Eier

100 g Pilze, in Scheiben geschnitten

50 g gefrorene Erbsen

Das Öl erhitzen und die Zwiebel und den Speck anbraten, bis sie leicht goldbraun sind. Schinken und Hähnchen dazugeben und 2

Minuten braten. Garnelen, Sojasauce, Wein oder Sherry, Salz, Pfeffer und Maisstärke hinzufügen und 2 Minuten kochen lassen. Den Reis hinzufügen und 2 Minuten braten. Eier, Pilze und Erbsen hinzufügen und 2 Minuten braten, bis sie gar sind.

Zehn kostbare Reis

Für 6 bis 8 Personen

45 ml / 3 Esslöffel Erdnussöl (Erdnüsse)

1 Frühlingszwiebel (Zwiebel), gehackt

100 g mageres Schweinefleisch, zerkleinert

1 Hähnchenbrust, gehackt

100 g Schinken, zerkleinert

30 ml / 2 Esslöffel Sojasauce

30 ml / 2 Esslöffel Reiswein oder trockener Sherry

5 ml/1 Teelöffel Salz

350 g / 12 oz gekochter Langkornreis

250 ml / 8 fl oz / 1 Tasse Hühnerbrühe

100 g Bambussprossen, in Streifen geschnitten

50 g Wasserkastanien, in Scheiben geschnitten

Das Öl erhitzen und die Frühlingszwiebeln anbraten, bis sie glasig werden. Das Schweinefleisch dazugeben und 2 Minuten braten. Hähnchen und Schinken dazugeben und 2 Minuten braten. Sojasauce, Sherry und Salz hinzufügen. Reis und Brühe hinzufügen und zum Kochen bringen. Bambussprossen und Wasserkastanien hinzufügen, abdecken und 30 Minuten köcheln lassen.

Gebratener Thunfischreis

für 4 Personen

30 ml / 2 Esslöffel Erdnussöl
2 geschnittene Zwiebeln
1 gehackte grüne Paprika
450 g / 1 Pfund / 3 Tassen gekochter Langkornreis
Salz
3 geschlagene Eier
300 g / 12 oz Thunfischkonserven, Flocken
30 ml / 2 Esslöffel Sojasauce
2 Schalotten, fein gehackt

Das Öl erhitzen und die Zwiebel darin anbraten, bis sie weich ist. Die Paprika dazugeben und 1 Minute braten. An den Rand der Pfanne schieben. Den Reis hinzufügen, mit Salz bestreuen und 2 Minuten braten, dabei nach und nach Pfeffer und Zwiebeln hinzufügen. Machen Sie ein Loch in die Mitte des Reises, gießen Sie noch etwas Öl hinein und gießen Sie die Eier hinein. Rühren, bis alles fast vermischt ist, und unter den Reis rühren. Weitere 3 Minuten kochen lassen. Den Thunfisch und die Sojasauce hinzufügen und erhitzen. Es wird mit gehackten Schalotten bestreut serviert.

Nudeln mit gekochtem Ei

für 4 Personen

10 ml / 2 Teelöffel Salz

450 g / 1 Pfund Eiernudeln

30 ml / 2 Esslöffel Erdnussöl

Einen Topf mit Wasser zum Kochen bringen, salzen und die Nudeln hinzufügen. Zum Kochen bringen und etwa 10 Minuten köcheln lassen, bis es weich, aber noch fest ist. Gut abtropfen lassen, unter kaltem Wasser abspülen, abtropfen lassen und dann unter heißem Wasser abspülen. Vor dem Servieren mit Öl vermischen.

gedämpfte Eiernudeln

für 4 Personen

10 ml / 2 Teelöffel Salz

450 g / 1 kg dünne Eiernudeln

Einen Topf mit Wasser zum Kochen bringen, salzen und die Nudeln hinzufügen. Gut vermischen und dann abtropfen lassen. Die Nudeln in ein Sieb geben, in einen Dampfgarer geben und über kochendem Wasser etwa 20 Minuten kochen, bis sie weich sind.

Gebratene Nudeln

Tore 8

10 ml / 2 Teelöffel Salz

450 g / 1 Pfund Eiernudeln

30 ml / 2 Esslöffel Erdnussöl

frittiertes Gericht

Einen Topf mit Wasser zum Kochen bringen, salzen und die Nudeln hinzufügen. Zum Kochen bringen und etwa 10 Minuten köcheln lassen, bis es weich, aber noch fest ist. Gut abtropfen lassen, unter kaltem Wasser abspülen, abtropfen lassen und dann unter heißem Wasser abspülen. Mit Öl vermengen, dann vorsichtig in die Pfannenmischung einrühren und vorsichtig erhitzen, um die Aromen zu vermischen.

Gebratene Nudeln

für 4 Personen

225 g dünne Eiernudeln

Salz

Frittieröl

Nudeln in kochendem Salzwasser nach Packungsanweisung kochen. Gut abtropfen lassen. Legen Sie mehrere Lagen Küchenpapier auf ein Backblech, verteilen Sie die Nudeln und lassen Sie sie einige Stunden trocknen. Erhitzen Sie das Öl und braten Sie die Nudeln löffelweise etwa 30 Sekunden lang goldbraun an. Auf Papiertüchern abtropfen lassen.

Gebratene weiche Nudeln

für 4 Personen

350 g / 12 oz Eiernudeln

75 ml / 5 Esslöffel Erdnussöl (Erdnüsse)

Salz

Einen Topf Wasser zum Kochen bringen, die Nudeln hinzufügen und kochen, bis die Nudeln weich sind. Abgießen und unter kaltem, dann heißem Wasser abspülen und erneut abtropfen lassen. 15 ml/1 EL Öl hinzufügen, abkühlen lassen und in den Kühlschrank stellen. Restliches Öl erhitzen, bis es fast raucht. Die Nudeln dazugeben und vorsichtig schwenken, bis sie mit Öl bedeckt sind. Reduzieren Sie die Hitze und rühren Sie einige Minuten weiter, bis die Nudeln außen goldbraun, innen aber weich sind.

gedämpfte Nudeln

für 4 Personen

450 g / 1 Pfund Eiernudeln

5 ml/1 Teelöffel Salz

30 ml / 2 Esslöffel Erdnussöl

3 Frühlingszwiebeln (Frühlingszwiebeln), in Streifen geschnitten

1 zerdrückte Knoblauchzehe

2 Scheiben Ingwerwurzel, gehackt

100 g mageres Schweinefleisch, in Streifen geschnitten

100 g Schinken, in Streifen geschnitten

100 g geschälte Garnelen

450 ml / ¬œ für / 2 Tassen Hühnersuppe

30 ml / 2 Esslöffel Sojasauce

Einen Topf mit Wasser zum Kochen bringen, salzen und die Nudeln hinzufügen. Zum Kochen bringen und etwa 5 Minuten köcheln lassen, dann abgießen und mit kaltem Wasser abspülen.

In der Zwischenzeit das Öl erhitzen und die Frühlingszwiebeln, den Knoblauch und den Ingwer leicht goldbraun braten. Das Schweinefleisch dazugeben und hellbraun braten. Schinken und Garnelen dazugeben und Brühe, Sojasauce und Nudeln unterrühren. Zum Kochen bringen, abdecken und 10 Minuten köcheln lassen.

Kalte Nudeln

für 4 Personen

450 g / 1 Pfund Eiernudeln
5 ml/1 Teelöffel Salz
15 ml / 1 Esslöffel Erdnussöl
225 g Sojasprossen
8 oz / 225 g Schweinebraten, zerkleinert
1 Gurke in Streifen schneiden
12 Radieschen, in Streifen geschnitten

Einen Topf mit Wasser zum Kochen bringen, salzen und die Nudeln hinzufügen. Zum Kochen bringen und etwa 10 Minuten köcheln lassen, bis es weich, aber noch fest ist. Gut abtropfen lassen, unter kaltem Wasser abspülen und erneut abtropfen lassen. Mit Öl vermischen und dann auf einen Servierteller legen. Ordnen Sie die anderen Zutaten auf kleinen Tellern rund um die Nudeln an. Den Gästen wird eine Auswahl an Toppings in kleinen Schälchen serviert.

Nudelkörbe

für 4 Personen

225 g dünne Eiernudeln

Salz

Frittieröl

Nudeln in kochendem Salzwasser nach Packungsanweisung kochen. Gut abtropfen lassen. Legen Sie mehrere Lagen Küchenpapier auf ein Backblech, verteilen Sie die Nudeln und lassen Sie sie einige Stunden trocknen. Die Innenseite eines mittelgroßen Siebs mit etwas Öl bestreichen. Eine gleichmäßige Schicht Nudeln mit einer Dicke von etwa 1 cm/Ω im Sieb verteilen. Ölen Sie die Außenseite eines kleineren Siebs und drücken Sie es vorsichtig in das größere. Das Öl erhitzen, die beiden Siebe in das Öl geben und etwa 1 Minute braten, bis die Nudeln goldbraun sind. Nehmen Sie die Siebe vorsichtig heraus und fahren Sie bei Bedarf mit einem Messer über die Ränder der Nudeln, um sie zu lösen.

Pfannkuchen mit Nudeln

für 4 Personen

225 g Eiernudeln

5 ml/1 Teelöffel Salz

75 ml / 5 Esslöffel Erdnussöl (Erdnüsse)

Einen Topf mit Wasser zum Kochen bringen, salzen und die Nudeln hinzufügen. Zum Kochen bringen und etwa 10 Minuten köcheln lassen, bis es weich, aber noch fest ist. Gut abtropfen lassen, unter kaltem Wasser abspülen, abtropfen lassen und dann unter heißem Wasser abspülen. Mit 15 ml/1 Esslöffel Öl vermischen. Restliches Öl erhitzen. Geben Sie die Nudeln in die

Pfanne, sodass ein dicker Pfannkuchen entsteht. Frittieren, bis die Unterseite leicht goldbraun ist, dann umdrehen und braten, bis die Mitte leicht goldbraun, aber weich ist.

Gekochte Nudeln

für 4 Personen

4 getrocknete chinesische Pilze

450 g / 1 Pfund Eiernudeln

30 ml / 2 Esslöffel Erdnussöl

5 ml/1 Teelöffel Salz

3 Tees, gehackt

100 g mageres Schweinefleisch, in Streifen geschnitten

100 g Blumenkohlröschen

15 ml / 1 Esslöffel Maismehl (Maisstärke)

250 ml / 8 fl oz / 1 Tasse Hühnerbrühe

15 ml/1 Esslöffel Sesamöl

Die Pilze 30 Minuten in lauwarmem Wasser einweichen, dann abtropfen lassen. Die Stiele entfernen und die Spitzen abschneiden. Einen Topf mit Wasser zum Kochen bringen, die Nudeln hinzufügen, 5 Minuten kochen lassen und abtropfen lassen. Das Öl erhitzen und das Salz und den Schnittlauch 30 Sekunden lang anbraten. Das Schweinefleisch dazugeben und hellbraun braten. Blumenkohl und Pilze dazugeben und 3 Minuten braten. Maismehl und Brühe mischen, in der Pfanne umrühren, zum Kochen bringen, abdecken und 10 Minuten kochen lassen, dabei gelegentlich umrühren. Sesamöl in einer separaten Pfanne erhitzen, Nudeln hinzufügen und bei mittlerer Hitze vorsichtig schwenken, bis sie leicht gebräunt sind. Auf einen heißen Servierteller geben, die Schweinefleischmischung darübergießen und servieren.

Nudeln mit Fleisch

für 4 Personen

350 g / 12 oz Eiernudeln

45 ml / 3 Esslöffel Erdnussöl (Erdnüsse)

450 g / 1 kg Hackfleisch (gemahlen)

Salz und frisch gemahlener Pfeffer

1 zerdrückte Knoblauchzehe

1 fein gehackte Zwiebel

250 ml / 8 fl oz / 1 Tasse Rinderbrühe

100 g Pilze, in Scheiben geschnitten

2 gehackte Selleriestangen

1 gehackte grüne Paprika

30 ml / 2 Esslöffel Maismehl (Maisstärke)

60 ml / 4 Esslöffel Wasser

15 ml/1 Esslöffel Sojasauce

Die Nudeln in kochendem Wasser etwa 8 Minuten lang kochen, bis sie weich sind, dann abgießen. In der Zwischenzeit das Öl erhitzen und das Fleisch mit Salz, Pfeffer, Knoblauch und Zwiebeln anbraten, bis es leicht gebräunt ist. Brühe, Pilze, Sellerie und Paprika hinzufügen, zum Kochen bringen, abdecken und 5 Minuten köcheln lassen. Maismehl, Wasser und Sojasauce zu einer Paste vermischen, in der Pfanne vermischen und unter Rühren kochen, bis die Sauce eindickt. Die Nudeln auf einem heißen Teller anrichten und über das Fleisch und die Soße gießen.

Nudeln mit Huhn

für 4 Personen

350 g / 12 oz Eiernudeln

100 g Sojasprossen

45 ml / 3 Esslöffel Erdnussöl (Erdnüsse)

2,5 ml / ¬Ω Teelöffel Salz

2 gehackte Knoblauchzehen

2 Tees, gehackt

100 g gekochtes Hähnchen, gewürfelt
5 ml/1 Teelöffel Sesamöl

Einen Topf mit Wasser zum Kochen bringen, die Nudeln hinzufügen und kochen, bis sie weich sind. Die Sojasprossen 3 Minuten in kochendem Wasser blanchieren und dann abtropfen lassen. Das Öl erhitzen und Salz, Knoblauch und Schnittlauch darin anbraten, bis sie weich sind. Fügen Sie das Huhn hinzu und braten Sie es an, bis es durchgewärmt ist. Die Sojasprossen hinzufügen und erhitzen. Die Nudeln gut abtropfen lassen, mit kaltem Wasser und dann mit heißem Wasser abspülen. Das Sesamöl einrühren und auf einen heißen Servierteller legen. Mit der Hühnermischung belegen und servieren.

Nudeln mit Krabbenfleisch

für 4 Personen
350 g / 12 oz Eiernudeln
45 ml / 3 Esslöffel Erdnussöl (Erdnüsse)
3 Tees, gehackt
2 Scheiben Ingwerwurzel, in Streifen schneiden
350 g Krabbenfleisch, Flocken
5 ml/1 Teelöffel Salz
15 ml / 1 Esslöffel Reiswein oder trockener Sherry
15 ml / 1 Esslöffel Maismehl (Maisstärke)

30 ml / 2 Esslöffel Wasser

30 ml / 2 Esslöffel Weinessig

Bringen Sie einen Topf Wasser zum Kochen, geben Sie die Nudeln hinzu und kochen Sie sie 10 Minuten lang, bis sie weich sind. In der Zwischenzeit 30 ml/2 Esslöffel Öl erhitzen und die Frühlingszwiebeln und den Ingwer anbraten, bis sie leicht goldbraun sind. Krabbenfleisch und Salz hinzufügen und 2 Minuten braten. Wein oder Sherry hinzufügen und 1 Minute braten. Maismehl und Wasser zu einer Paste vermischen, in der Pfanne vermischen und bei schwacher Hitze unter Rühren kochen, bis die Masse eingedickt ist. Die Nudeln abgießen und zunächst unter kaltem und dann unter heißem Wasser abspülen. Das restliche Öl hinzufügen und auf einen warmen Servierteller legen. Mit der Krabbenmischung belegen und mit Weinessig beträufelt servieren.

Nudeln in Currysauce

für 4 Personen

450 g / 1 Pfund Eiernudeln

5 ml/1 Teelöffel Salz

30 ml / 2 EL Currypulver

1 geschnittene Zwiebel

75 ml / 5 EL Hühnerbrühe

100 g Schweinebraten, zerkleinert
120 ml / 4 fl oz / ¬Ω Tasse Tomatensauce (Ketchup)
15 ml/1 Esslöffel Hoisinsauce
Salz und frisch gemahlener Pfeffer

Einen Topf mit Wasser zum Kochen bringen, salzen und die Nudeln hinzufügen. Zum Kochen bringen und etwa 10 Minuten köcheln lassen, bis es weich, aber noch fest ist. Gut abtropfen lassen, unter kaltem Wasser abspülen, abtropfen lassen und dann unter heißem Wasser abspülen. In der Zwischenzeit das Currypulver in einer trockenen Pfanne 2 Minuten kochen lassen, dabei die Pfanne schütteln. Fügen Sie die Zwiebel hinzu und rühren Sie, bis sie gut bedeckt ist. Die Brühe hinzufügen und dann das Schweinefleisch dazugeben und zum Kochen bringen. Tomatensauce, Hoisinsauce, Salz und Pfeffer hinzufügen und unter Rühren kochen, bis alles durchgeheizt ist. Die Nudeln auf einer heißen Servierplatte anrichten, mit der Soße übergießen und servieren.

Dan-Dan-Nudeln

für 4 Personen
100 g Eiernudeln
45 ml / 3 EL Senf
60 ml / 4 Esslöffel Sesamsauce

60 ml / 4 Esslöffel Erdnussöl
20 ml / 4 Teelöffel Salz
4 Tees, gehackt
60 ml / 4 Esslöffel Sojasauce
60 ml / 4 Esslöffel gemahlene Haselnüsse
60 ml / 4 EL Hühnerbrühe

Die Nudeln in kochendem Wasser etwa 10 Minuten lang kochen, bis sie weich sind, dann gut abtropfen lassen. Die restlichen Zutaten vermischen, über die Nudeln gießen und vor dem Servieren gut vermischen.

Nudeln mit Eiersauce

für 4 Personen

225 g Eiernudeln
750 ml / 1. / 3 Tassen Hühnersuppe
45 ml / 3 Esslöffel Sojasauce
45 ml / 3 Esslöffel Reiswein oder trockener Sherry
15 ml / 1 Esslöffel Erdnussöl

3 Frühlingszwiebeln (Frühlingszwiebeln), in Streifen geschnitten

3 geschlagene Eier

Einen Topf mit Wasser zum Kochen bringen, die Nudeln dazugeben, erneut aufkochen und 10 Minuten köcheln lassen, bis sie weich sind. Abgießen und in eine Schüssel geben und heiß servieren. In der Zwischenzeit die Brühe mit der Sojasauce und Wein oder Sherry zum Kochen bringen. In einer separaten Pfanne das Öl erhitzen und die Frühlingszwiebeln darin anbraten, bis sie weich sind. Die Eier hinzufügen, dann die heiße Brühe hinzufügen und bei mittlerer Hitze weiterrühren, bis die Mischung zum Kochen kommt. Die Soße über die Nudeln gießen und servieren.

Nudeln mit Ingwer und Schnittlauch

für 4 Personen

900 ml / 1¬Ω Punkte / 4¬° Tassen Hühnersuppe

15 ml / 1 Esslöffel Erdnussöl

225 g Eiernudeln

2,5 ml / ¬Ω Teelöffel Sesamöl

4 Frühlingszwiebeln (Zwiebeln), gerieben

2 Scheiben Ingwerwurzel, gerieben
15 ml/1 Esslöffel Austernsauce

Die Brühe zum Kochen bringen, das Öl und die Nudeln hinzufügen und ohne Deckel etwa 15 Minuten köcheln lassen, bis sie weich sind. Geben Sie die Nudeln auf einen heißen Servierteller und geben Sie Sesamöl, Tee und Ingwer in den Wok. Ohne Deckel 5 Minuten köcheln lassen, bis das Gemüse leicht weich wird und die Brühe reduziert ist. Das Gemüse mit etwas Brühe über die Nudeln gießen. Mit Austernsauce beträufeln und sofort servieren.

Scharf-saure Nudeln

für 4 Personen

225 g Eiernudeln

15 ml/1 Esslöffel Sojasauce

15 ml / 1 Esslöffel Chiliöl

15 ml/1 Esslöffel Rotweinessig

1 zerdrückte Knoblauchzehe

2 Tees, gehackt

5 ml / 1 Teelöffel frisch gemahlener Pfeffer

Die Nudeln in kochendem Wasser etwa 10 Minuten kochen, bis sie weich sind. Gut abtropfen lassen und auf einen warmen Servierteller geben. Die restlichen Zutaten vermischen, über die Nudeln gießen und vor dem Servieren gut vermischen.

Nudeln in Fleischsoße

für 4 Personen

4 getrocknete chinesische Pilze

30 ml / 2 Esslöffel Erdnussöl

8 oz / 225 g mageres Schweinefleisch, in Scheiben geschnitten

100 g Pilze, in Scheiben geschnitten

4 Frühlingszwiebeln (Frühlingszwiebeln), in Scheiben geschnitten

15 ml/1 Esslöffel Sojasauce

15 ml / 1 Esslöffel Reiswein oder trockener Sherry

600 ml / 1 pt / 2 Ω Tassen Hühnerbrühe

350 g / 12 oz Eiernudeln

30 ml / 2 Esslöffel Maismehl (Maisstärke)

2 Eier, leicht geschlagen

Salz und frisch gemahlener Pfeffer

Die Pilze 30 Minuten in lauwarmem Wasser einweichen, dann abtropfen lassen. Die Stiele entfernen und die Spitzen abschneiden. Das Öl erhitzen und das Schweinefleisch anbraten, bis es eine helle Farbe annimmt. Die Pilze sowie die trockenen und frischen Zwiebeln hinzufügen und 2 Minuten kochen lassen. Sojasauce, Wein oder Sherry und Brühe hinzufügen, aufkochen, abdecken und 30 Minuten köcheln lassen.

In der Zwischenzeit einen Topf mit Wasser zum Kochen bringen, die Nudeln hinzufügen und etwa 10 Minuten kochen lassen, bis die Nudeln zart, aber noch fest sind. Abgießen, unter kaltem und dann heißem Wasser abspülen, dann erneut abtropfen lassen und auf einer warmen Servierplatte anrichten. Das Maismehl mit etwas Wasser vermischen, in die Pfanne rühren und unter Rühren köcheln lassen, bis die Soße dünner und dicker wird. Nach und nach die Eier dazugeben und mit Salz und Pfeffer würzen. Zum Servieren die Soße über die Nudeln gießen.

Nudeln mit pochierten Eiern

für 4 Personen

350 g / 12 oz Reisnudeln

4 Eier

30 ml / 2 Esslöffel Erdnussöl

1 gehackte Knoblauchzehe

100 g gekochter Schinken, fein gehackt

45 ml / 3 Esslöffel Tomatenpüree (Paste)

120 ml / 4 fl oz / ¬Ω Tasse Wasser

5 ml/1 Teelöffel Zucker

5 ml/1 Teelöffel Salz

Sojasauce

Bringen Sie einen Topf Wasser zum Kochen, geben Sie die Nudeln hinzu und kochen Sie sie etwa 8 Minuten lang, bis sie gar sind. Abgießen und mit kaltem Wasser abspülen. Nestförmig auf einem vorgewärmten Servierteller anrichten. In der Zwischenzeit habe ich die Eier pochiert und jeweils eins in jedes Nest gelegt. Das Öl erhitzen und den Knoblauch 30 Sekunden lang anbraten. Den Schinken dazugeben und 1 Minute braten. Alle restlichen Zutaten außer Sojasauce hinzufügen und braten, bis alles durchgeheizt ist. Über die Eier gießen, mit Sojasauce beträufeln und sofort servieren.

Nudeln mit Schweinefleisch und Gemüse

für 4 Personen

350 g / 12 oz Reisnudeln

75 ml / 5 Esslöffel Erdnussöl (Erdnüsse)

225 g mageres Schweinefleisch, zerkleinert

100 g Bambussprossen, zerkleinert

100 g / 4 oz Pak Choi, zerkleinert

450 ml / ¬œ für / 2 Tassen Hühnersuppe

10 ml / 2 Teelöffel Maismehl (Maisstärke)

45 ml / 3 Esslöffel Wasser

Kochen Sie die Nudeln etwa 6 Minuten lang, bis sie gar, aber noch fest sind, und lassen Sie sie dann abtropfen. 45 ml / 3 EL Öl erhitzen und das Schweinefleisch 2 Minuten braten. Bambussprossen und Kohl hinzufügen und 1 Minute braten. Brühe hinzufügen, zum Kochen bringen, abdecken und 4 Minuten köcheln lassen. Maismehl und Wasser vermischen, in der Pfanne vermischen und unter Rühren kochen, bis die Soße eindickt. Das restliche Öl erhitzen und die Nudeln anbraten, bis sie leicht goldbraun werden. Auf einen heißen Servierteller geben, mit der Schweinefleischmischung belegen und servieren.

Transparente Nudeln mit gehacktem Schweinefleisch

für 4 Personen

200 g / 7 Unzen klare Nudeln

Frittieröl

75 ml / 5 Esslöffel Erdnussöl (Erdnüsse)

225 g / 8 oz gehacktes Schweinefleisch (gemahlen)

25 g Chilipaste

2 Tees, gehackt

1 gehackte Knoblauchzehe

1 Scheibe Ingwerwurzel, gehackt

5 ml / 1 TL Chilipulver

250 ml / 8 fl oz / 1 Tasse Hühnerbrühe

30 ml / 2 Esslöffel Reiswein oder trockener Sherry

30 ml / 2 Esslöffel Sojasauce

Salz

Erhitzen Sie das Öl, bis es kocht, und braten Sie die Nudeln an, bis sie sich ausdehnen. Herausnehmen und abtropfen lassen. 75 ml / 5 EL Öl erhitzen und das Schweinefleisch goldbraun braten. Bohnenpaste, Frühlingszwiebel, Knoblauch, Ingwer und Chilipulver hinzufügen und 2 Minuten braten. Brühe, Wein oder Sherry, Sojasauce und Nudeln hinzufügen und köcheln lassen, bis die Sauce eindickt. Vor dem Servieren mit Salz abschmecken.

Eierbrötchenhaut

12 jetzt

225 g / 8 oz / 2 Tassen einfaches Mehl (Allzweckmehl)
1 geschlagenes Ei
2,5 ml / ¬Ω Teelöffel Salz
120 ml / 4 fl oz / ¬Ω Becher eiskaltes Wasser

Alle Zutaten vermischen und anschließend glatt und elastisch kneten. Mit einem feuchten Tuch abdecken und 30 Minuten abkühlen lassen. Auf einer bemehlten Arbeitsfläche hauchdünn ausrollen und dann in Quadrate schneiden.

Gekochte Eierbrötchenhaut

12 jetzt

175 g / 6 oz / 1 Ω Tassen einfaches Mehl (Allzweck)
2,5 ml / ¬Ω Teelöffel Salz
2 geschlagene Eier
375 ml / 13 fl oz / 1 Ω Wasserbecher

Mehl und Salz untermischen und dann die Eier unterrühren. Nach und nach das Wasser hinzufügen, bis ein glatter Teig entsteht. Fetten Sie eine kleine Pfanne leicht ein, gießen Sie dann 30 ml bzw. 2 EL Teig hinein und kippen Sie die Pfanne, um den Teig gleichmäßig auf der Oberfläche zu verteilen. Wenn der Teig von den Seiten der Pfanne schrumpft, nehmen Sie ihn heraus und decken Sie ihn mit einem feuchten Tuch ab, während Sie die restlichen Schalen backen.

Chinesische Pfannkuchen

für 4 Personen

250 ml / 8 fl oz / 1 Tasse Wasser
225 g / 8 oz / 2 Tassen einfaches Mehl (Allzweckmehl)
Erdnussöl zum Braten

Bringen Sie das Wasser zum Kochen und fügen Sie dann nach und nach das Mehl hinzu. Vorsichtig kneten, bis der Teig weich ist, mit einem feuchten Tuch abdecken und 15 Minuten ruhen lassen. Auf einer bemehlten Fläche verteilen und zu einem länglichen Zylinder formen. In 2,5 cm dicke Scheiben schneiden, dann auf eine Dicke von etwa 5 mm flach drücken und die Oberseite mit Öl bestreichen. Paarweise so stapeln, dass sich die geölten Oberflächen berühren, und die Außenseite leicht mit Mehl bestäuben. Rollen Sie die Paare auf eine Breite von etwa 10 cm aus und braten Sie sie paarweise auf jeder Seite etwa 1 Minute lang, bis sie leicht goldbraun sind. Bis zum Servieren trennen und stapeln.

Wan-Tan-Häute

Vor etwa 40 Jahren

450 g / 1 Pfund / 2 Tassen einfaches Mehl (Allzweckmehl)
5 ml/1 Teelöffel Salz
1 geschlagenes Ei
45 ml / 3 Esslöffel Wasser

Mehl und Salz sieben und in die Mitte eine Mulde drücken. Das Ei einrühren, mit Wasser beträufeln und die Masse zu einem glatten Teig verkneten. In eine Schüssel geben, mit einem feuchten Tuch abdecken und 1 Stunde abkühlen lassen.

Den Teig auf einer bemehlten Fläche dünn und gleichmäßig ausrollen. In 7,5 cm breite Streifen schneiden, leicht mit Mehl bestäuben und stapeln, dann in Quadrate schneiden. Bis zur Verwendung mit einem feuchten Tuch abdecken.

Spargel mit Muscheln

für 4 Personen

120 ml / 4 fl oz / ½ Tasse Erdnussöl (Erdnüsse)
1 rote Chilischote, in Streifen geschnitten
2 Frühlingszwiebeln (Frühlingszwiebeln), in Streifen geschnitten
2 Scheiben Ingwerwurzel, gerieben
225 g Spargel, in Stücke geschnitten
30 ml / 2 Esslöffel dicke Sojasauce
2,5 ml / ½ TL Sesamöl
225 g Jakobsmuscheln, eingeweicht und gewaschen

Das Öl erhitzen und Chili, Schnittlauch und Ingwer 30 Sekunden anbraten. Den Spargel und die Sojasauce dazugeben und zugedeckt kochen, bis der Spargel fast zart ist. Sesamöl und Muscheln hinzufügen, abdecken und kochen, bis sich die Muscheln öffnen. Nicht geöffnete Muscheln wegwerfen und sofort servieren.

Spargel mit Eiersauce

für 4 Personen

450 g / 1 Pfund Spargel

45 ml / 3 Esslöffel Erdnussöl (Erdnüsse)

30 ml / 2 Esslöffel Reiswein oder trockener Sherry

Salz

250 ml / 8 fl oz / 1 Tasse Hühnerbrühe

15 ml / 1 Esslöffel Maismehl (Maisstärke)

1 Ei, leicht geschlagen

Den Spargel putzen und in 5 cm große Stücke bzw. 2 Stücke schneiden. Das Öl erhitzen und den Spargel etwa 4 Minuten lang braten, bis er weich, aber noch knusprig ist. Mit Wein oder Sherry und Salz beträufeln. In der Zwischenzeit die Brühe und das Maismehl unter Rühren zum Kochen bringen und mit Salz würzen. Etwas von der warmen Brühe in das Ei einrühren, dann das Ei in die Pfanne geben und bei schwacher Hitze unter Rühren kochen, bis die Soße eindickt. Den Spargel auf einem heißen Teller anrichten, mit der Soße übergießen und sofort servieren.

www.ingramcontent.com/pod-product-compliance
Lightning Source LLC
Chambersburg PA
CBHW070400120526
44590CB00014B/1193